L. B. MOREL

LA STATION ROMAINE

D'

ANSA PAVLINI

ANSE

(Rhône)

LYON

IMPRIMERIE DES MISSIONS AFRICAINES

150, *cours Gambetta*, 150

1925

ANSA PAVLINI

ANSE (Rhône)

Cliché Lucien Bégule   REPRODUCTION GRACIEUSEMENT AUTORISÉE

Une partie des remparts du Castrum

L. B. MOREL

LA STATION ROMAINE

D'

ANSA PAVLINI

ANSE

(Rhône)

LYON

IMPRIMERIE DES MISSIONS AFRICAINES

150, *cours Gambetta*, 150

1925

AVANT-PROPOS

Une histoire d'Anse, devenue rare aujourd'hui, a été publiée en 1845 par le docteur Yves Serrand qui, souvent avec humour, a relaté les événements assez circonstanciés qui étaient de nature à intéresser la population, et a donné de précieux renseignements sur quelques monuments de la Ville et du Canton.

Ce que je me propose n'est donc que de donner, dans la limite de mes forces, un supplément d'informations relatives à Anse, sans pour cela entreprendre d'en refaire l'histoire ; aussi m'a-t-il été indispensable de m'aider de différents travaux antérieurs, notamment de relater quelques unes des indications données par Steyert, dans son Histoire du Lyonnais, Forez, Beaujolais, au sujet de la petite ville d'Anse, tout en laissant ce qui était superflu pour le but proposé, ou qui me paraissait controuvé. J'ai tenu compte, en outre, des informations que j'ai pu me procurer en y ajoutant toutefois, avec réserve bien naturelle, quelques observations personnelles.

Les Notes et réflexions sur la station romaine d'Ansa Paulini qui font l'objet de cette publication, ont été par la bienveillante intervention de M. le Sénateur Eugène Bussy, maire de la ville d'Anse, soumises à l'appréciation de

*M. Camille Jullian, de l'Académie Française, et profes-
seur au Collège de France, qui a bien voulu la donner
favorable et qui postérieurement, a publié dans sa* Revue
des Etudes Anciennes *T. XXVI,* 1924 *un savant exposé
des* problèmes d'Anse, *avec plan du castrum d'après mon
tracé, dont il a bien voulu mettre le cliché à ma disposition.*

Je lui adresse mes bien sincères remercîments.

*Enfin, je tiens à exprimer à Monsieur C. Germain de
Montauzan, professeur à la Faculté de Lettres de Lyon,
ma plus parfaite gratitude pour les services précieux
qu'il m'a rendus, si obligeamment, en considération de
mes vieilles années.*

L. B. M.

———·o·———

LA STATION ROMAINE

D'ANSA PAULINI

ANSE (Rhône)

Le passage des Helvètes dans la Gaule entre Saint-Bernard et Belleville (qui a été étudié par le conseiller Vallentin Smith, dans son ouvrage sur les fouilles de la vallée de Formans), et la défaite des Tigurins par César au passage de la Saône, ne prouvent en rien l'établissement d'une forteresse romaine dans l'emplacement où se trouve aujourd'hui la ville d'Anse. Aucun document positif ne mentionne le séjour de César en cet endroit puisqu'il poursuivit ensuite sa marche contre les Helvètes. Au reste, sous César et même pendant trois siècles après lui, les *Castra* avaient toujours la forme règlementaire carrée ou rectangulaire ; ce n'est que lors des invasions des Barbares, depuis la seconde moitié du troisième siècle que, dans certains cas, on a dû se départir de cette règle établie pour l'installation des camps romains. C'est le cas pour Anse, qui a existé avant cette fortification. De celle-ci on voit encore aujourd'hui des restes du plus haut intérêt, sans pour cela penser que la Ville ait été fondée aussitôt après la conquête des Gaules. Le nom même d'*Asa Paulini* est, pour ainsi dire, une preuve à cet égard, car si, à l'époque de la conquête, un personnage du nom de Paulinus eût été récompensé par César, qu'il fut tribun militaire, commandant une légion ou simple particulier, lui ayant rendu d'importants services, il en eût été certainement fait mention dans les Commentaires, et le nom gaulois de l'emplacement où est située actuellement la ville d'Anse aurait eu bien des chances d'être révélé par leur auteur, l'illustre général romain.

ÉTYMOLOGIE — FOUILLES ET RUINES

La station romaine d'*Asa* ou *Assa Paulini* n'est pas mentionnée dans la table de Peutinger, mais seulement dans l'Itinéraire d'Antonin qui la place à 15 milles romains ou 10 lieues gauloises de la métropole des Gaules, entre Lugdunum et Lunna. La commission de topographie des Gaules a identifié cette station avec la ville d'Anse qui lui correspond parfaitement. Pour certains auteurs l'itinéraire d'Antonin remonte au IIIe siècle après Jésus-Christ, mais depuis une cinquantaine d'années et plus, on a reconnu qu'il est d'un caractère collectif et impersonnel et doit ne remonter, suivant E. Desjardins, qu'au IVe siècle. Le nom d'Antonin serait plutôt attribué à Antonin Caracalla qu'à Antonin le Pieux ; mais cet itinéraire aurait subi maintes retouches postérieures, parmi lesquelles il faut tenir compte des noms de Dioclétianopolis, Marcianopolis, de Constantinopolis, etc. qu'on y rencontre. On ne peut donc rien tirer, comme date précise, sur l'origine de la station d'Assa Paulini, de ce document (probablement le seul) qui la mentionne pendant la période gallo-romaine. Toutefois, il est utile de mentionner les lignes suivantes, qu'on lit dans la

Description du pays des Ségusiaves par Auguste Bernard,
page 99, se rapportant à ce sujet :

« M. D'Aigueperse a démontré l'existence de deux
« localités différentes : Ludna et Lunna ; la première
« mentionnée sur la carte de Peutinger, la deuxième
« dans l'itinéraire d'Antonin, dans un ouvrage (*nouvel-*
« *les* et *dernières recherches* sur *l'emplacement de Lunna,*
« in-8º) lu à l'Académie en 1857. Après la ruine de
« Ludna, ville gauloise, par les Barbares, comme la
« distance entre Lyon et Mâcon était trop considérable
« pour deux journées de marche, on eut l'idée de la
« partager en trois. Pour cela faire, on reporta la station
« de Ludna (table de Peutinger) un peu plus au nord
« et on établit une nouvelle station au midi à *Asa*
« *Paulini*. La route fut alors partagée en trois marches
« de dix lieues gauloises chacune. C'est l'état de choses
« que nous fait connaître l'itinéraire d'Antonin. »

On lit dans l'*Histoire du Lyonnais, Forez, Beaujolais,*
par Steyert, ce qui suit. (T. I, page 149). « Cet endroit
« était inhabité et remarquable seulement par un autel
« qu'un riche Gallo-Romain, nommé Paulinus, y avait
« érigé. La nouvelle station en tira son nom et s'appela
« *Asa Paulini*, l'autel de Paulin, puis plus tard simple-
« ment *Asa* ou *Ansa*, qui offre le même sens. »

Qu'un riche Gallo-Romain ait possédé le territoire
d'Anse, rien ne prouve absolument le contraire, mais
cette dernière phrase nous paraît difficile à comprendre,
car *Asa* est un mot latin archaïque qui veut dire *autel* et
est pris pour *Ara* dans une citation que fait Aulu-Gelle
(livre IV, ch. III) d'une très ancienne loi du roi Numa
Pompilius. Mais il est étrange que ce mot *Asa* ait pu
conserver jusqu'au IIIe siècle le sens d'autel, puisque
bien antérieurement on trouve la station d'Ara Ubiorum,
autel d'Auguste près de Bonn, l'Ara Bacchi, l'Ara

Palladis, etc... En outre comment *Asa* aurait-il pu devenir *Ansa* : un autel qui serait devenu une anse ?

D'Anville (notice de la Gaule, p. 107) fait très judi-
cieusement observer « qu'il faut écrire *Assa*, comme a
« fait Surita, plutôt qu'*Asa* selon d'autres éditions.
« Ce nom ayant été écrit Ansa, il s'ensuit pour trouver
« plus de rapport dans la dénomination, qu'il convient
« moins de glisser entre les deux voyelles, comme si la
« consonne était seule, que de prononcer comme la
« consonne doublée le demande. Ce lieu subsiste sous le
« nom d'Anse et il est distingué par la tenue de plusieurs
« conciles qui y ont été assemblés ».

L'explication donnée par d'Anville tend à prouver
que le mot primitif *Ansa* a été défiguré d'abord en *Assa*,
puis en *Asa*. Ces deux dernières expressions se trouvent,
du reste, dans différents manuscrits de l'itinéraire
d'Antonin ; et le redressement de la Commission de
topographie des Gaules, qui est *Asa Paulini*, n'ayant
d'autre raison d'être que parce que cette désignation se
rencontre dans un plus grand nombre de manuscrits
qu'*Assa*, n'infirme en rien l'opinion exprimée par d'Anville.

Le mot *Assa* (adjectif, *assus*, rôti, sec) ne veut rien
dire par lui-même, s'il n'est accompagné d'un subs-
tantif quelconque. Comme on le voit dans Celse (traité de
la Médecine, liv. III, chap. XXVII, § 3) : « *Inimica
etiam habet balnea assasque sudationes* » il s'agit ici
d'étuves sèches. Il ne convient donc pas de s'arrêter à
ce qu'auraient pu être les étuves sèches du richissime
Paulinus. *Assa*, comme le dit d'Anville, est le mot
primitif *Ansa* défiguré par un copiste, et ensuite *Asa*.

Ansa se justifie fort bien par la courbe demi-circulaire
que décrit la Saône en cet endroit (courbe qui était plus
accentuée sur la rive droite à l'époque romaine). Comme

l'a fait observer avec raison le baron de Coston, dans le bulletin archéologique de la Drôme (T. VI, 1871, p. 13), l'expression *Ansa* se serait conservée par l'usage et la tradition, bien qu'ayant été bizarrement transformée par les différents copistes des manuscrits de l'itinéraire d'Antonin.

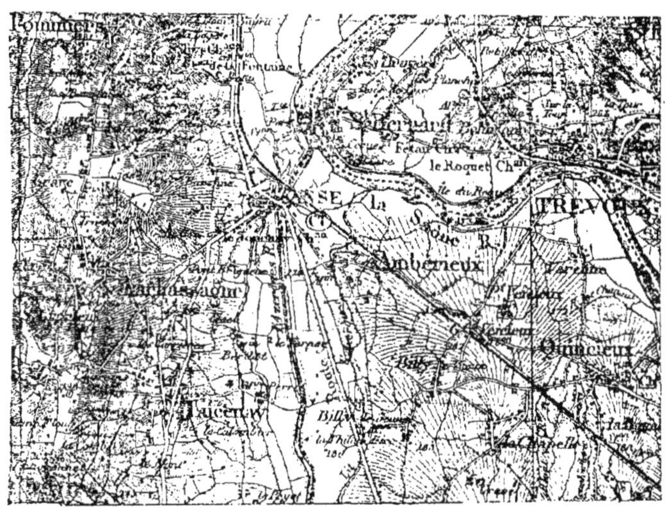

Cliché des *Etudes Anciennes*

Il faut donc dire *Ansa Paulini*.

Selon M. Camille Jullian : « l'hypothèse que le vrai « nom serait *Ansa*, est non seulement confirmée, mais « certifiée par la découverte à Lyon d'un plomb (collec-« tion Récamier, par P. D. Dissard) au nom d'Anse. « Ce devait être un chef-lieu de *pagus* ; car on ne trouve « de plomb de ce genre que pour les représentations

« théâtrales données dans les *pagi* et il devait y avoir
« un théâtre et un temple à Anse...Sur ce point, aucun
« doute pour moi. »

Le plomb de la collection Récamier qui porte le
N° 772, est ainsi décrit : Jupiter à demi-nu, debout à
gauche, tenant un foudre de la main droite et de la gauche
s'appuyant sur un long sceptre; en face de lui et se tour-
nant de son côté, Vénus drapée levant les bras et tenant
un miroir et une pomme ; au revers *Ansens* en légende
de gauche à droite (trouvé à Lyon).

Il resterait à tenter une explication du mot *Paulinus*,
le *propriétaire de l'Anse,* ou du moins du territoire compris
dans la courbe que fait la Saône devant la ville d'Anse.
Ce nom serait, suivant Steyert, celui d'un personnage
aussi riche qu'inconnu qui eut une quantité très grande
d'homonymes (réserve faite pour la divinité dont le
nom est tout à fait ignoré).

La note 2, que l'on lit à la page 54 de *l'Histoire d'Anse*
par le docteur Yves Serrand, mérite d'être citée malgré
sa dénégation, car elle nous conduit à plus ample infor-
mation. Voici cette note, à propos de l'inscription bien
connue de la jeune Proba, qui date du Consulat d'un
Paulinus : « Il ne peut y avoir que le nom de commun
« entre ce personnage et celui qui valut à cette station
« l'appellation d'Asa Paulini. Je fais cette observation
« puérile peut-être, parce que j'ai entendu quelques
« personnes supposer leur identité d'après une coïn-
« cidence de nom qui doit être purement fortuite ».

Quel est ce consul ? Ou pour mieux dire quels sont
les consuls de ce nom mentionnés dans les fastes
consulaires ?

Après Jésus-Christ :

> En 534, Fl. Théodosius Paullinus ;
> En 498, Paulinus, Consul en Occident ;

En 334, Anicius Paulinus junior ;
En 277, M. Anicius Paulinus ;
En 101, M. Valérius Paulinus, substitué ;
En 66, C. Suetonius Paulinus.

Si les deux consuls de 534 et de 498 sont l'un ou l'autre en rapport avec l'inscription de la jeune Proba, ils ne le sont pas avec la date probable de la fondation de la station d'*Asa Paulini*. Il en est de même peut-être de celui de 334. Mais on pourrait se baser sur les trois autres de 277, de 101, et de 66, si on avait quelque raison de constater tout au moins leur passage dans la Lyonnaise et faire alors un choix parmi eux. Aucun de ces trois personnages consulaires n'avait peut-être seulement vu l'anse de l'Arar ! Aussi, croyons-nous, qu'il serait plus logique de leur préférer un personnage officiel, qui n'a pas, il est vrai, été consul éponyme, mais qui fut certainement consul suffect après son gouvernement de la Lyonnaise, sous l'Empereur Alexandre Sévère, et avant son gouvernement de la province consulaire de Bretagne où il était en 228 après Jésus-Christ.

Ce personnage, Tib. Claudius Paulinus, est mentionné dans la précieuse inscription de Thorigny, trouvée à Vieux, département de la Manche, sur le piédestal d'une statue élevée au Viducasse T. Solemnis, prêtre à l'autel de Rome et d'Auguste, au confluent du Rhône et de la Saône. Une des faces de ce piédestal reproduit la lettre que Tib. Claudius Paulinus, alors gouverneur de la Grande Bretagne avait écrite à T. Solemnis qui lui avait jadis rendu un signalé service, en détournant le conseil des trois Gaules de l'intention où il était de le mettre en accusation pour faits relatifs à son administration, ainsi que nous l'apprend une autre lettre, gravée sur une autre face du piédestal, qui est de son successeur dans l'administration de la province lyonnaise.

Tib. Claudius Paulinus était donc gouverneur de la Lyonnaise pendant les premières années du règne d'Alexandre Sévère, prince qui fit faire d'importantes constructions et qui, suivant Le Nain de Tillemont (Hist. des Empereurs, T. III, p. 190) fournissait de l'argent, des officiers, des chevaux et toutes choses nécessaires, avec « pouvoir d'en garder une certaine « partie, aux gouverneurs qu'il envoyait dans les « provinces, s'ils s'étaient bien conduits dans leur « charge ; autrement il les obligeait d'en rendre quatre « fois autant. Il avait soin de les récompenser, et *même* « *de les enrichir* quand ils avaient fait leur devoir, leur « donnant des *terres* et beaucoup d'autres gratifications. »

Tib. Claudius Paulinus (dont la gestion avait été trouvée excellente, malgré les velléités d'accusation du conseil des Gaules, par la déclaration d'intégrité qu'avait faite pour lui le Viducasse Titus Solemnis devenu son ami), avait sans doute reçu d'Alexandre Sévère, entre autres gratifications, la propriété d'une importante terre à l'anse de l'Arar, et lorsqu'en ce lieu fut établie une station romaine, le nom d'*Ansa Paulini* s'imposa pour elle et conserva ainsi le nom d'un ancien gouverneur de la Lyonnaise.

Sans proposer une date pour l'établissement de cette station, l'hypothèse précédente est digne d'attention, et précise mieux le nom de Paulinus, sans qu'il soit permis, faute de plus amples documents, de lui donner un caractère de certitude.

« Sur ce point, dit encore M. Camille Jullian ; il est peut-être difficile de dire à quel *Paulinus* s'applique « le mot d'*Ansa*. Qu'il s'agisse du gouverneur de la « Lyonnaise, comme l'affirme ce travail ? C'est tout « *à fait possible* : mais, il serait possible aussi qu'il « s'agisse d'un riche particulier ; à Bordeaux nous avons « un *podium Paulini* ; à Bourg un *burgus Leontii*.

« J'incline à croire que Ansa est un mot gaulois
« signifiant thermes, bains, greniers de villes, quelque
« construction en somme importante et *significative*. »
(Renvoi aux Etudes anciennes, 1824, T. *XXVI*).

De belles villas gallo-romaines existaient, ainsi qu'en
témoignent plusieurs mosaïques trouvées de 1843 à
1845, au lieu dit *des Trois Châtels*, et dont la plus
intéressante fait aujourd'hui l'ornement de la salle de
la Mairie de la ville d'Anse et a été classée comme monu-
ment historique. Cette dernière devait être de grandes
dimensions à en juger par la disposition de la partie qui
était conservée (9 mètres sur 4). Il ne reste qu'un angle
de cette mosaïque. Elle était composée de caissons divi-
sés en compartiments alternés avec des losanges et
contenant différents ornements assez délicats : papillon,
feuilles de lierre, flabellum, amphore, (objet en forme
d's terminé par deux demi-sphères) fibule ; une très
curieuse et large bordure encadrait le tout. Elle est faite
d'arcades en plein cintre dans lesquelles on voit une proue
de navire alternativement placée tantôt de profil, tantôt
de face. Les proues de navire sont toutes terminées,
comme si elles étaient de profil èt, à un certain endroit,
elles se trouvent opposées ; ce qui permet de conjecturer que c'était le milieu du côté dont il reste encore
7 mètres 22. Ce côté aurait donc eu 11 mètres 80.

La mosaïque pouvait avoir la forme d'un carré ou
d'un rectangle ; ce côté peut être ou le petit ou le grand
côté de la figure, et alors on ne peut en avoir exactement
les dimensions, mais on peut conjecturer que les côtés
étaient entre eux dans la proportion de 2/3 ou approxi-
mativement. Le côté que l'on peut calculer était-il le
grand ou le petit côté du rectangle ? S'il était le grand,
il devait y avoir au milieu de la mosaïque du genre
tessellatum, un *emblema* ou tableau de travail précieux
(opus vermiculatum) qui était le point capital de l'ou-

vrage, comme dans les belles mosaïques de Sainte-Colombe ; peut-être aussi la mosaïque était-elle de plus petites dimensions, mais cela moins probablement.

Les dimensions actuelles de la mosaïque de la grande salle de la mairie, sont : longueur, 7 mètres 22 ; hauteur, 3 mètres 22.

En prenant le milieu de la longueur qui a encore 7 mètres 22, vers l'endroit ou les proues du navire sont opposées, il faut déduire 1 mètre 63 de 7 mètres 22 pour avoir la moitié, soit 5 mètres 59 ; le côté de la mosaïque aurait donc été de 11 mètres 18. Mais si on prend le milieu vers le centre de l'ornement en forme de papillon, il faut déduire 2 mètres 03 de 7 mètres 22 = 5 mètres 19. Alors le côté le mieux conservé de la mosaïque aurait donc eu 10 mètres 28. *Ce milieu me paraît être plus vraisemblable.* Donc dans le cas où la mosaïque était carrée, son côté devait être de 10 mètres 28, mais elle pouvait être rectangulaire et le côté conservé être le grand ou bien le petit côté du rectangle. S'il était le grand côté, il faut admettre une proportion d'un tiers de moins pour le petit ; on aurait eu alors pour celui-ci 6 mètres 86 et le rectangle aurait été de 10 mètres 28 sur 6 mètres 86 ; mais vu l'importance de la bordure et du double encadrement de caissons, il y a lieu de penser que ce côté de 10 mètres 28 n'était que le petit côté du rectangle, et le grand côté devait avoir 1 tiers de plus, soit 10 m 28 + 5 m 14 = 15 m 42; le rectangle aurait été de 15 m 42 × 10 m 28 *avec tableau vermiculatum au centre.*

Dans l'angle de la remarquable bordure de proues de navire, est représentée une ancre d'assez grandes dimensions ; ornement très en rapport avec les proues de navire (on connaît les mots *ansaria* et *ansarium* relatifs au droit d'ancrage des navires). Il devient difficile de ne pas croire qu'Ansa était un port, sinon primitivement,

du moins après l'établissement de la station romaine !
Ansa signifie ordinairement *poignée* et au figuré *moyen*,
mais à l'époque romaine, ce pouvait être comme en
français d'aujourd'hui, un terme de géographie dési-
gnant un enfoncement dans les côtes, une sorte de petit
golfe ; ce qui serait le cas pour Anse ; la courbe décrite
par la Saône étant dans l'antiquité prolongée jusqu'à
l'ancien lit de l'Azergues en amont d'Ambérieu.

Auguste Bernard, dans sa description du pays des
Ségusiaves, p. 103, mentionne : « quatre mosaïques
« trouvées à Anse en 1844 au lieu de la Grange du Biez;
« l'une d'elles fut détruite par la charrue, les trois autres
« recouvrent l'aire de trois *chambres contiguës* dont
« les murs sont rasés à quelques centimètres du sol.
« La pièce du milieu a 7 mètres de longueur et chacune
« des pièces latérales une largeur égale de 4 mètres 60.
« La longueur commune de ces trois pièces est de
« 9 mètres 20. Cette disposition présente donc dans son
« ensemble, une vaste mosaïque à trois compartiments
« qui s'offre sous la forme d'un parallélogramme de
« 9 mètres 20 de côté sur 16 mètres 20 dans son œuvre
« et non compris les murs de séparation. Le tout dans
« une superficie de 149 mètres, couverte de dessins
« antiques représentant des oiseaux, des *dauphins*, des
« vases, etc.... formés avec des marbres noir, blanc,
« rouge, jaune et vert. (Qu'est devenu cette mosaïque ?)
« On a encore trouvé une statue en marbre blanc, de
« grandeur naturelle, représentant une jeune femme
« dans l'attitude du repos, les bras pendants, vêtue d'une
« tunique légère agrafée sur l'épaule. Cette statue est
« terminée en forme de gaine. Trouvés aussi des frag-
« ments de colonnes en terre cuite auxquels est encore
« adhérent le ciment coloré dont on les avait recouvertes.
« Enfin des échantillons de porphyre, de serpentine de
« brèche antique et autres marbres rares, et des frag-

« ments de marbre blanc portant les traces d'une riche
« ornementation de feuilles d'acanthe et de vigne et
« pouvant provenir d'une balustrade, etc... »

M. le Sénateur Bussy, maire de la ville d'Anse, fit
en 1895, au quartier des trois Châtels, des fouilles dans
sa propriété où étaient des vestiges de villa romaine.
Les déblais ayant été poussés jusqu'à 1 mètre 50 environ,
on trouva d'abord de très nombreux débris de mosaïque
et contre les murs des appartements, de 4 à 5 mètres de
dimensions, qui les contenaient, on découvrit aussi de
très importants fragments de fresques aux brillantes
couleurs que l'humidité n'avait pas altérées. Le malheur
voulut que, malgré toutes précautions prises, on ne
pût conserver ces fresques qui, pour la plupart, on été
réduites en menus débris, à l'exception toutefois d'une
partie de large bordure qui devait surmonter le stylobate,
et qui était composée de caissons rectangulaires, disposés
tantôt dans le sens de leur longueur, tantôt dans celui
de leur hauteur. Les parties les mieux conservées de
cette fresque font actuellement l'un des ornements de
la collection de M. Carra, archéologue à Ville-sur-Jar-
nioux. Sur un des caissons disposé en hauteur, se voit
un échassier ; sur un de ceux qui étaient dans le sens
de la longueur on voit de petits oiseaux perchés sur une
branche de cerisier. Toute cette ornementation est bien
celle que les Romains savaient employer pour la déco-
ration intérieure de leurs habitations, aussi bien dans
la Gaule que dans l'Italie même.

CASTRUM

Les intéressantes ruines romaines d'un fort ou *castrum*
dont on voit encore d'importantes parties de la courtine,
ainsi que cinq ou six tours dont plusieurs ont été utilisées
et modernisées, sont contemporaines des premières

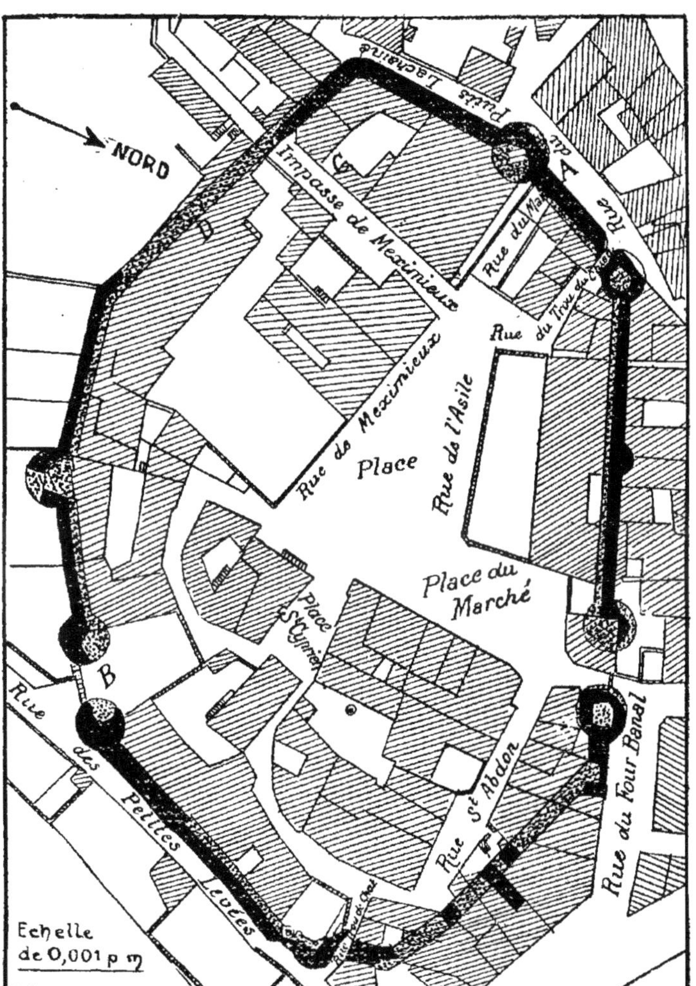

Cliché des *Etudes Anciennes*

invasions des barbares, à en juger surtout par quelques
gros matériaux ayant servi d'assises en certains endroits,
notamment dans la rue des *Petites Jetées* ; il en est de
même d'une moitié de colonne qui se voit dans l'intérieur d'un mur de la propriété Régipas ; le tout doit
provenir de constructions démolies et utilisées dans ces
fortifications, pour la défense des habitants ; comme il
était d'usage, en ces temps d'invasions, de diminuer le
périmètre d'une ville afin d'obtenir un retranchement
plus facile à défendre, Anse avait certainement une bien
plus grande étendue, ainsi que le prouvent les mosaïques
trouvées aux trois Châtels ; et les remparts du Moyen-
Age, s'ils n'en sont pas la preuve, le feraient quelque
peu supposer d'un autre côté, surtout au Nord.

Pour établir un castrum on utilisait tous les matériaux
que l'on pouvait avoir facilement sous la main, objets
d'arts, statues, colonnes, stèles ou tombeaux ; et ses dimensions forcément restreintes, laissaient en dehors une
importante partie de la ville ; car on était obligé de choi-
sir la position la plus facile et la plus utile à défendre. La
forme la plus ordinaire était un rectangle ou un carré (souvent peu régulier, depuis le milieu du IIIe siècle), et il fallait quelquefois se conformer à certaines exigences topo-
graphiques. Ce fut le cas pour le castrum d'Anse que
l'on a dit être un rectangle de 140 mètres sur 110 de côtés
et qui est, en réalité (car on peut facilement s'en con-
vaincre) *un hexagone allongé, aplati* en quelque sorte,
mesurant dans sa plus grande longueur interne 170 mètres, sur une largeur de 107 mètres ; périmètre 440 mètres,
superficie 12.500 mètres carrés. Quant à l'époque
de la construction, il serait difficile de la fixer, mais
il est logique de la placer dans l'extrême fin du IIIe
siècle, peut-être même au début du IVe siècle ? Toutefois, il est utile de dire que les cordons de briques espacés
en hauteur de 1 mètre 60 environ, qui ont été établis pour

le niveau constant du blocage intérieur, ne sont pas de nature à appuyer l'opinion ci-dessus puisque les Romains les ont employés dès le premier siècle après Jésus-Christ.

Le parement extérieur des murs du Castrum est en petit appareil, le plus souvent carré quelquefois rectangulaire ; l'épaisseur de l'appareil est de 12 à 15 centimètres jusqu'au blocage de l'intérieur. Les cordons de briques sont placés à d'inégales distances, tantôt à 0 mètre 90 ou 1 mètre, tantôt à 1 mètre 50 et plus. Les briques ne pénètrent pas dans le blocage et n'ont été placées que pour la parfaite horizontalité des pierres de petit appareil, plutôt que pour maintenir le niveau du blocage. Le rempart était plein et massif jusqu'à une certaine hauteur d'environ 4 mètres. A partir de ce niveau, il était percé de meutrières évasées à l'intérieur et généralement cintrées quoique assez étroites. Les pierres de grand appareil qui se voient encore rue du *Puits Lachaine* et vers la première tour de la porte qui existait aux petites Levées, vers la maison Rebut, ne pénètrent que fort peu comme les briques, dans le blocage qu'elles avaient surtout la charge de garantir des coups de bélier (voir Ammien Marcellin, XXIII et IV, § 4, bélier, aries, *Krios*). « Dès que le branle parcourt « assez de champ pour que la tête du bélier attaque le « mur, elle y imprime des chocs répétés dont la violence « s'accroît sans cesse à l'imitation de l'animal qui se « dresse pour donner de la force à son coup de tête. « Par ces coups redoublés pareils à ceux de la foudre, « elle disjoint les pierres et entrouvre la muraille. »

La courtine du castrum était percée de deux portes flanquées de chaque côté d'une tour, l'une sur les petites Levées (maison Rebut), l'autre, près du Four banal, dont il ne reste plus qu'une tour modifiée dans la maison Trévoux. En outre, on y voit encore les deux ouvertures dites : *du trou du chien* et *du trou du chat* ;

cette dernière au levant et l'autre rue du *puits Lachaine*.
Ces ouvertures primitivement étroites, devaient être
des poternes, telles qu'on en remarque sur le Castrum
de Jublains. On dit, en effet, dans le dictionnaire des
antiquités grecques et romaines, T IV, p. 584, au mot
porta : « En outre des grandes portes, l'enceinte était
« percée de poternes *(portula)* à un seul battant. Elles
« étaient généralement percées dans le flanc des tours
« et rapprochées dans une même section du périmètre,
« situation qui permettait de sortir, protégé du côté droit
« et couvert par le bouclier du côté gauche qui présentait
« plus de surface à l'ennemi. »

La largeur entre les deux tours des petites Levées, de
même que celle qui existait jadis à la porte du four banal
était d'environ 8 *mètres*, soit 29 à 30 pieds romains ;
cette largeur permettait deux grandes ouvertures sans
adjonction probable de plus petites, à une époque où
l'on sacrifiait la commodité à la sécurité. Ces ouvertures
atteignaient 3 mètres 30 chacune, soit 12 pieds romains.

Il restait pour le pilier central et les piliers d'appui des
tours, environ 5 pieds romains ; une galerie sur laquelle
s'ouvraient de petites fenêtres cintrées formait le couronnement des deux portes jumelles et était elle-même cou-
ronnée de créneaux d'un style spécial employé dans
l'antiquité avec corniche empiétant sur la largeur des
créneaux. La périphérie du Castrum était de 440 mètres
environ et sa superficie de 12.500 mètres carrés à peu près
l'équivalent de la bicherée du pays. Quant au fragment
d'inscription cité par le Dr Serrand, p. 14, de l'Histoire
d'Anse, le texte de Claude Bellièvre porte : *Partem
Ostioli (positi*, qui a été omis) *super alveo molendina-
rium quæ sunt in fossa ejus oppidi.* L'inscription A II.
G.E | CAI | CATO fragment indéchiffrable qui contient
le mot CATO, trouvé remarquable par le Dr Serrand,
est probablement une inscription dédicatoire du Castrum

sous Constance Ier, comme le font soupçonner les lettres CATO, probablement la terminaison d'un mot, comme *fabricato* ou *dedicato*; et cette inscription devait être placée au-dessus des portes jumelles de la maison Rebut. Une inscription de Vérone paraît appuyer fortement cette hypothèse, étant à peu près de la même époque.

En voici le texte :

« COLONIA . AVGVSTA . VERONA . NOVA .
« GALLIENIANA . VALERIANO . II . ET . LVCI-
« LIO . COSS . MVRI . VERONENSIVM . FABRI-
« CATI . EX . DIE . III . NON . APRILIVM .
« DEDICATI . PR . NON . DEC . IVBENTE .
» SANCTISSIMO . GALLIENO . AVG . N . INSIS-
« TENTE . AVR . MARCELLINO . V . P . DVC .
» DVC . CVRANTE . IVL . MARCELLINO .

Cette inscription nous donne une importante idée de celle qui devait figurer sur la double porte, près du Moulin, sans qu'il soit possible de la restituer, et bien qu'il soit très probable qu'elle date de Constance Ier, aucune mention de consulat n'étant à déterminer; Gruter, p. 166-61, mentionnant aussi de nombreuses inscriptions pour construction ou réfection de murs d'enceinte sous Constance Ier en Gaule.

A défaut d'explication basée sur d'indiscutables documents, il est possible de soumettre à un examen impartial ces quelques conjectures au sujet de la station dont le nom doit être sûrement rectifié en *Ansa Paulini*, sans tenir compte des erreurs des copistes des manuscrits de l'Itinéraire d'Antonin. Il est aussi indispensable de rejeter tout à fait l'opinion qui fait d'Anse le camp de Jules César sous le nom d'*Antium*, ville d'Italie au sud de Rome, mentionnée dans la table de Peutinger, et comme on le voit, même dans le dictionnaire de Moreri, (improprement cité), puisque Jules César, a pris soin de nous avertir qu'avant de quitter les Gaules, il avait établi deux camps retranchés l'un à Cabillone (Châlon-sur-Saône) et l'autre à Matiscone (Mâcon), sans parler d'un autre camp dans la région. Il faut rejeter aussi comme dénué de preuves, pour ne pas dire de vraisemblance, ce qu'on a écrit sur le palais d'Auguste et le domaine du richissime Licinus, qui était gaulois et affranchi de Jules César.

Origine - Administration

Quant à l'origine même d'Anse, on est réduit à des conjectures, à des hypothèses, et le nom d'Ansa Paulini, gallo-romain, n'était certainement pas le nom de cette localité à l'époque gauloise.

Il existe un tènement de la commune d'Anse, contigu à la Ville et situé au pied de la colline de Bassieux, sorte d'éperon s'avançant sur Anse ; ce territoire porte le nom de Brienne ou Brianne d'après le cadastre ; c'était primitivement un fief qui fut cédé par son possesseur pour l'édification d'un monastère de filles dans le commencement du XIIIe siècle (voir page 55) situé entre la courbe que fait la Saône et la colline de Bassieux ; Brienne ou Brianne pouvait bien primitivement étendre son nom à ce qui est aujourd'hui la ville d'Anse, au confluent de la Saône et de l'Azergues. La situation est analogue pour un grand nombre de localités portant le nom de Brienne ou similaire : Brianny (Côte d'Or) sur l'Armençon ; Brienne (Saône-et-Loire) près Cuisery, entre la Seille et une éminence ; Brienon (Loire) entre le fleuve et une colline ; Brion (Ain) au confluent de l'Oignieu et de l'Ange, près du déversoir du lac de Nantua,

pour ne citer que les plus rapprochées. Il est en tous cas
à noter que le radical Bri (interprété par les Romains,
par le mot *Brevis*) avec des suffixes différents, s'applique
à des localités situées entre un cours d'eau et une colline.

On pourrait aussi traduire *Briona* par *fontaine du
pont* ou *du passage* ou même de la *forteresse*, puisqu'en
Celtique, le suffixe *onna* correspond au mot latin *fons*
(fontaine, source) Bourbonne, Divonne, etc .. suivant
que le radical *Bri* se trouve dans *Briva* (Pont) ou *Briga*
(forteresse). Cette dernière interprétation me paraît
plus probable à cause du *pont de (Brigneux)* qui est un
tènement voisin (Brignais, Rhône ; Brignac, Hérault).
Brionne ou Brianne n'est plus aujourd'hui que le nom d'un
quartier de la ville d'Anse. Antérieurement à l'occupation
romaine, ce devait être, à mon humble avis, celui de
l'emplacement de la ville actuelle, jusqu'à l'anse de la
Saône qui pouvait bien être aussi un lieu de passage et
de péage. (1)

Anse a toujours fait partie du Lyonnais et a, depuis
son origine *inconnue*, toujours été associée aux événements qui s'y sont passés. A l'époque de l'indépendance
Gauloise, le territoire sur lequel Anse est bâtie faisait
partie de la cité des Ambarres, clients des Éduens aussi
bien que leurs voisins les Ségusiaves, et comme eux
peuple de la Celtique.

Les peuples Gaulois, près d'un fleuve navigable,
possédaient toujours une portion de territoire sur la
rive opposée à leur principal établissement ; aussi les
Ambarres occupaient-ils non seulement la majeure partie
de l'actuel département de l'Ain, mais encore une certaine étendue du territoire sur la rive droite de la Saône ;

---

(1) (C. JULLIAN. *Hist. de la Gaule*, t. II, p. 55, note 3.(Stra-
bon IV. 33 *(Transports sur la Saône)*. Il serait possible que parmi
les noms des lieux celtiques que l'on remarque aux *frontières de
la cité*, quelques-uns signifiassent *péages*.

de même que leurs voisins Ségusiaves occupaient sur la rive gauche, un territoire qui, bien qu'allant jusqu'au Rhône, ne remontait pas plus haut que le village de Fontaine.

Auguste Bernard, dans son histoire du pays des Ségusiaves, s'est montré très indécis à ce sujet, mais il n'en a pas moins compris dans le territoire Ségusiave, tout ce qui répond actuellement au canton d'Anse, et même Trévoux sur la rive gauche.

Le conseiller Vallentin Smith, dans son exposé des *fouilles de la Vallée de Formans*, a déterminé d'une façon positive, la possession par les Ambarres d'un territoire situé sur la rive droite de la Saône ; et depuis, son opinion a été adoptée par tous les auteurs qui ont eu à s'occuper de cette région ; il a même soutenu avec beaucoup de vraisemblance que les Ambluarètes, peuplade ayant occupé le Roannais, n'étaient séparés de leurs parents probables, les Ambarres, que par les montagnes du Beaujolais. Il était, je crois, indispensable de signaler pour Anse cette importante rectification, sans toutefois revenir sur le passage des Helvètes et la défaite des Tigurins qui eut lieu en amont de Saint-Bernard, peut-être au gué de Grelonges, au-dessus de Villefranche, et non loin de Belleville, mais assurément bien au nord d'Anse où César après avoir traversé la Saône, n'avait pas d'intérêt à s'arrêter.

Toutefois, après ce qui avait été détaché de la cité des Ségusiaves, au moment de la fondation de la colonie de Lugdunum, et après la nouvelle division territoriale de la Gaule par Auguste, supprimant la Celtique dont les débris furent appelés Lyonnaise et dont l'étendue était bien moins grande, les Ambarres ne sont pas cités parmi les soixante peuples de la Gaule, dont les délégués se réunissaient chaque année à l'autel de Rome et d'Auguste au confluent du Rhône et de la Saône. Dans ce remanie-

ment politique, ils ne sont plus qu'un district, probablement un pagus annexé à la cité des Ségusiaves, en
compensation du petit territoire cédé pour la colonie de
Lugdunum. Mais sont-ils le même peuple que les
Ambivarètes, leurs immédiats voisins ? On pourrait
le supposer d'après d'Anville et même d'après certain
manuscrit de César, qui après avoir, dans le *premier
livre des Commentaires*, cité textuellement les Ambarres,
ne parle plus dans le *septième* que des Ambivarètes, cités
entre les Ségusiaves et les Aulerques Brannovices.

Si l'origine d'Anse est jusqu'à présent inconnue, il
n'en est pas moins certain que son existence au IIe
siècle après Jésus-Christ estattestée par une inscription
dont les caractères de bonne forme permettent de la
faire remonter au commencement de l'époque des
Antonins. On lit en effet dans le *Corpus inscriptionum
latinarum*, Vol. XIII, No 1654 :

Ansa : Muris Romanis immissa fuit .

D.M
CRISPINIAE
MATERNAE

(Guigue : « Bulletin des Antiquaires », 1880, p. 290).

Il y a une vingtaine d'années cette inscription provenant du rempart du *Castrum* devait être employée pour
la construction d'un petit mur destiné à supporter une
barrière de fer. Sur l'avis judicieux de M. Régipas, la
pierre où se lisaient les lignes ci-dessus fut placée par le
maçon de façon à ne pas les noyer dans la maçonnerie.
La pierre est rompue au-dessous de la dernière ligne,
mais la partie supérieure contient encore les traces
manifestes d'une figuration qu'il est difficile, sinon tout
à fait impossible de déterminer. Avec beaucoup de bonne

volonté, je serais tenté d'y voir l'enlèvement d'Europe !
suggestion sans aucun doute, très poétique et qui deman-
derait à être justifiée ?

Une autre inscription fragmentée et qui plus est,
perdue, doit cependant être signalée. Auguste Bernard
ne croit pas à son authenticité parce qu'elle renferme,
dit-il, (p. 101, *Hist. du pays des Ségusiaves*) « *des lettres
de forme inconnue aux Romains* ». Le docteur Yves
Serrand qui a mentionné dans son *Histoire d'Anse* (p. 110)
une copie de ce fragment, l'a publiée sans doute telle
qu'elle lui a été communiquée. Les lettres sont inclinées
et les I sont figurés par des J, mais elle a été trouvée
dans la *démolition d'un bastion des remparts*. Est-ce bien
une raison pour en suspecter l'authenticité ? Elle
mentionne un temple et, comme le fait remarquer le
docteur Serrand, cela est d'une certaine importance,
puisque « comme le pense sans aucun doute » M. Camille
Jullian, p. 3, il devait y avoir à Anse, un théâtre et un
temple.

A part la mention qui est faite dans l'Itinéraire d'Antonin de la station d'Assa Paulini, l'existence d'Anse
n'est signalée par aucun autre document, *pendant toute
la période gallo-romaine* ; mais avant d'être la station
gallo-romaine qui partageait la distance entre Lugdunum (Lyon) et Lunna (Belleville), Anse, comme semble
l'indiquer son nom, de même que sa topographie devait
être un simple port des mariniers de la Saône (Nautæ
Ararici) un lieu d'ancrage, pour ainsi dire une station
navale fréquentée, au IVe siècle, par la flotte de la Saône
dont le préfet, qui la commandait, résidait à Chalon-sur-
Saône. Le gouverneur de la Lyonnaise Paulinus, qui
vivait sous Alexandre Sévère (et au sujet duquel j'ai
émis une simple hypothèse) aurait peut-être pu prési-
der à l'intercalation d'Anse, entre Lyon et Belleville;
et cette modification de la voie romaine aurait aussi

pu résulter de son initiative et de son excellente administration (nouvelle conjecture à l'appui de la précédente).

Toutefois on ne peut la justifier scientifiquement, même
en admettant que le nom de Paulinus ait été adjoint
à celui d'Anse longtemps après le commencement de son
existence gallo-romaine; et du reste, l'origine incertaine
de l'Itinéraire d'Antonin, auquel ont dû être faites des
modifications postérieures, ne peut ni la prouver, ni la
contredire.

Antérieurement du moins, il est certain que le cours de
l'Arar avait été, depuis les temps les plus reculés, et
bien avant l'occupation romaine, utilisé comme précieux
moyen de transport et n'avait guère depuis cessé de
l'être, puisque l'Empereur Vitellius, comme nous
l'apprend Tacite, s'embarqua sur l'Arar pour se rendre
à Lugdunum, et n'ayant alors rien de l'appareil impérial.

D'autres témoignages de ce genre seraient faciles à
produire : La corporation des *Nautæ Ararici* (mariniers
de la Saône) était en rapport direct avec les *Nautæ
Rhodanici*, mariniers du Rhône, et jouissait de nombreux
privilèges. Anse n'était probablement pas un simple
vicus ; à elle seule, sa position au milieu du district des
Ambarres, abandonné aux Ségusiaves, en serait presque
un témoignage. Etait-ce un *pagus*, comme cela est
probable, alors de quelle *civitas* dépendait-il ? Les
pagi n'étaient que des divisions rurales des *cités*; la
colonie de Lyon, dont le territoire était restreint au
pagus Jarensis, le Jarez, et à des possessions dans le
massif du Mont d'Or, pour des aqueducs établis, et
cela jusqu'au IVe siècle où Lugdunum accru d'un très
grand ténement, fut appelé *Civitas Lugdunensium*
(la cité des Lyonnais). Anse en fit alors partie, après
avoir dépendu subjectivement, pendant trois siècles, de

la cité des Ségusiaves. C'est du moins ce que je crois, à défaut d'affirmation contraire.

Si Anse était un *pagus*, administré par un *magister pagi* (origine certaine des maires de nos jours) et nommé par le Conseil des Décurions de la cité, *(l'Ordo sanctis simus)*, qu'était donc l'administration de la *Civitas* ? Une administration siégeant dans le chef-lieu même, qui dans la suite, prit à lui seul le nom de Cité, et dont les *pagi* n'étaient que des divisions rurales.

Le Conseil des Décurions était composé de cent membres, (quelquefois même plus) pris parmi les citoyens possédant une fortune de 100.000 sesterces (environ 25.000 francs), ou de vingt-cinq arpents de terre. *L'ordo decurionum* était la Curie, un sénat en miniature à l'imitation de celui de Rome, et parmi ses membres étaient choisis : 1° Les *duumviri jure dicundo*, deux magistrats chargés de l'administration de la Cité et de la Justice, ainsi que de prendre conseil des Décurions. Ces magistrats qui en réalité n'exerçaient que des fonctions semblables à celles des préteurs, furent dans la suite appelés *Consuls* après la chute de l'Empire romain.

Les Décurions nommaient, en outre : 2° deux édiles chargés de la police et des jeux ; 3° deux questeurs chargés des approvisionnements et de l'administration des finances ; 4°, enfin, tous les cinq ans, ces mêmes Décurions nommaient deux délégués pour faire le recensement et établir *l'album* qui servait à renouveler le Conseil des Décurions.

Les *pagi* administrés par des *magistri pagi* avaient cependant un conseil qui leur était propre et dont les membres étaient choisis dans leur agglomération.

Au IIIe siècle, certains changements avaient déjà été introduits dans l'administration des Cités et, à partir de Dioclétien, la Lyonnaise (partie de l'ancienne Celtique) fut elle-même partagée en deux, puis au IVe siècle en quatre provinces. Seule, la Lyonnaise *première* avec Lyon, fut province consulaire. Les trois autres qui avaient pour capitales; la 2ᵉ Rouen, la 3ᵉ Tours, la 4ᵉ Sens, furent administrées par des présidents *(præsides)*. Il suffit d'avoir mentionné ce changement d'administration pour s'occuper de ce qui eut lieu dans le milieu du Vᵉ siècle à la suite de l'occupation des Burgundes.

Les Burgundes (457-534)

Depuis l'arrivée des Burgundes en Lyonnais, en 457, jusqu'au retour définitif de ce pays à la couronne de France, en 1312, voici les faits à retenir. Les Burgundes avaient déjà pénétré trois fois dans la Gaule, avant de s'installer en *Sapaudie (la Savoie actuelle avec portion du Dauphiné)* à l'instigation d'Aétius qui, en réponse à leur révolte, les avait fait battre par les Huns et qui, ensuite les établit *comme gardiens du peuple romain*, vers l'année 435.

A la bataille de Chalon-sur-Marne, ils combattirent contre Attila, avec les Gallo-romains et les Wisigoths. C'est après cette bataille qu'ils s'emparèrent de Lyon dont ils firent la capitale de leur nouveau royaume, mais qui leur fut reprise par l'empereur Majorien, et rendue dans la suite. Le royaume de Burgundie au début, ne comprenait que la Lyonnaise première qui contenait trois cités : celle des Éduens avec Autun pour capitale, celle des Lingons avec Langres, et la Cité métropole avec Lyon, plus deux châteaux forts *(castra)* à Chalon-sur-Saône et à Mâcon. Il n'est pas fait mention du *castrum* d'Anse qui, de construction romaine, et cependant d'une certaine importance, était le chef-lieu du *pagus ansensis* (le plus souvent appelé dans les chartes *(ager Ansensis)* dont le territoire correspondait à l'archiprêtré d'Anse et comptait 45 paroisses et 9 annexes dans les cantons de Belleville, Villefranche, Anse, et une partie de celui de Limonest. Ce *pagus*, après avoir fait partie de la cité des Ségusiaves, comme district annexé des Ambarres, avait été compris dans la cité métropole avec la cité des Ségusiaves elle-même, et c'est l'origine du comté de Lyonnais et de Forez, dont la disjonction eut lieu six siècles plus tard. A différentes reprises, le premier royaume de Burgundie a été l'objet de modifications territoriales, mais a toujours eu pour base la Lyonnaise première.

Tel était le pays occupé par Gondicaire, fils de Gunther, roi des Burgundes, jusqu'à sa mort en 463. Il laissa quatre fils : Gundebaud, Godégisèle, Chilpéric et Gundomar.

Chilpéric régna sur la Lyonnaise jusqu'en 474, où il fut tragiquement détrôné par son frère Gundebaud qui régna seul jusqu'en 516-17, laissant pour lui succéder, ses deux fils : Sigismond qui régna de 517 à 524 et disparut probablement avant la bataille de Véséronce, ou dans cette bataille même, laissant sa part du trône à son frère Gundomar qui, bien que vaincu alors par les fils de Clovis, réussit à rétablir les affaires de son royaume ; il le perdit néanmoins en totalité en 534 après avoir été vaincu de nouveau par les Francs et fait prisonnier à Autun, pour avoir voulu reconquérir cette partie de la Burgundie perdue après Véséronce. On rapporte que les Burgundes ont été généralement plus civilisateurs qu'on ne serait tenté de le croire, et cela même par la force des choses. Les Gallo-Romains, les riches d'entr'eux surtout, les sénateurs, étaient depuis longtemps épuisés, écrasés par des impôts excessifs, dont ils devaient répondre sur leurs propres biens, ce qui est assez nettement indiqué dans les lois romaines, dans le Digeste (sans parler du Code de Justinien et des Novelles). Qu'était devenue alors la Curie, ce petit sénat municipal, imitation de celui de Rome ? Qu'était devenu l'ordre des Décurions nommant aux fonctions supérieures de la Cité ? On rapporte aussi que les Burgundes ne touchèrent pas à cette organisation qu'ils ne pouvaient que conserver, ne pouvant mieux faire. Mais, malgré tout, l'aristocratie, les sénateurs gallo-romains n'eurent qu'à se réjouir d'une conquête qu'ils appelaient de leurs vœux et ils acceptèrent volontiers l'abandon de la plus large part de leurs biens, abandon qui les délivrait d'un état aussi dur que la servitude. La loi *Gumbette* que promulgua le roi Gundebaud, à Ambérieu en Dombes (mais peut-être suivant certains auteurs à Ambérieu d'Anse, ce qui paraît plus vraisemblable) et après lui son fils Sigismond, est une preuve de la bonne volonté relative des Burgundes à l'égard des Gallo-Romains; car les conditions du partage qui eut lieu en 457, ou petit à petit antérieurement, furent les mêmes pour tous les pays soumis par eux, et cette loi (qui n'indique pas cependant la date du partage) dit en substance : « Que le peuple des Burgundes a reçu les deux tiers du territoire, « c'est-à-dire des terres cultivées, un tiers des esclaves « et la moitié de chaque ferme ou des vergers ; que les « bois d'affouage, les pâturages sont restés possédés « *ab indiviso*, entre les Romains et les Burgundes, avec « cette stipulation que, si l'un vient à défricher une « partie des bois ou de vaine pâture, il devra céder à « l'autre une égale partie de bois ou de pâturage. » Cette législation particulière promulguée pour les nouveaux possesseurs Burgundes, pour lesquels était obligatoire le service militaire, peut être regardée, en Lyonnais, surtout, comme le point de départ de la féodalité.

A chaque Burgunde fut attribué un lot de terre (*sors*) au moment du partage avec les Gallo-Romains. Ce lot représentait le logement, la nourriture ; c'était la solde en nature, solde analogue à celle que, dans leurs cantonnements, recevaient les soldats romains.

En dehors de ces lots (*sortes*) le roi, par nécessité, besoins de gouvernement et faculté de pouvoir récompenser ses plus fidèles compagnons, les *faramans* (fahr-man), avait retenu, sur la conquête, un domaine public, dont il pouvait distribuer une partie en alleux ou en bénéfices à ceux de ses privilégiés dont il composait, à l'instar de l'aristocratie gallo-romaine des sénateurs, une noblesse parallèle qui possédait les deux tiers des biens de l'autre.

Les Gallo-Romains, du reste, étaient régis, selon la loi Gumbette, par les anciennes lois romaines, à l'exclusion des bois et des prés, où nous retrouvons l'origine de l'institution des communaux ; et si des modifications ont dû survenir dans cet état de choses, rien ne fut absolument changé dans l'administration depuis l'occupation Burgunde ; car, déjà antérieurement à Constantin, des transformations, difficiles à préciser, s'étaient produites et même depuis Alexandre Sévère. La plus importante fut, peut-être celle qui eut lieu, sous les empereurs Valentinien et Gratien, par *l'institution des défenseurs de la Cité*, établis pour obvier à la tyrannie fiscale et protéger contre les exactions, aussi bien le peuple que les décurions eux-mêmes (Code lib. L. V, § 2.)

Les défenseurs des cités devinrent dans la suite trop soumis à l'influence des présidents des provinces et leur rôle en fut bien diminué. Toutefois, depuis Théodose, l'Église ayant eu une plus grande part dans l'administration, et la nomination des défenseurs des cités étant conférée aux évêques, l'aristocratie gallo-romaine étant devenue, d'autre part, chrétienne, les sénateurs occupèrent les fonctions intellectuelles les plus importantes; et des évêques, comme Sidoine Apollinaire, Saint Avit évêque de Vienne, Rusticus qui remplit des fonctions politiques avant d'être évêque, et Saint Etienne, évêque de Lyon, l'un succédant à l'autre de 494 à 499, ont pu rendre, par leurs connaissances très étendues, les plus grands services à la civilisation dont ils ont souvent imposé le respect aux Barbares, incapables de la remplacer.

Depuis l'an 417, les Burgundes, de païens qu'ils étaient, avaient embrassé le catholicisme. Mais par suite d'un très grand nombre de conversions postérieures de ses sujets à l'arianisme en 490, Gundebaud, *pour des raisons politiques*, crut devoir résister aux sages conseils de l'évêque de Vienne saint Avit. Toutefois, son fils Sigismond se fit catholique. Il existait aussi des Églises ariennes témoin celle de Vienne où se réfugia Godesigèle poursuivi par son frère Gundebaud, comme nous l'apprend Grégoire de Tours, l'appelant *l'église des hérétiques*. Y eut-il à Anse une église arienne ? Rien n'autorise à le croire, car ce ne sont pas les inscriptions qu'on y a découvertes qui peuvent nous fixer à cet égard.

M. le Blant dit, en effet, dans ses *Inscriptions Chrétiennes* : « L'arianisme dont les adeptes furent si nombreux « sur les points de notre sol, dans le sud et le sud-est, « *ne se révèle par aucun signe de légendes épigraphiques.* « Il n'y a pas de marques apparentes d'orthodoxie, ou « plutôt de défaut d'arianisme par *caractères symboli-* « *ques*. Pour la formule *in pace*, les dissidents revendi- « quaient en effet, de même que les catholiques, cette « paix laissée aux siens par le Seigneur. »

Un arrêté du Ministre de l'Instruction publique a fait classer comme monuments historiques cinq inscriptions funéraires de l'époque gallo-romaine, plus une inscription d'un bourgeois d'Anse de 1309 (XIVe siècle) qui sont encastrées actuellement dans le mur du bas côté méridional à droite en entrant dans l'Église d'Anse, construite à la place de l'ancienne. J'ai reconnu ces cinq inscriptions gallo-romaines, et aussi deux autres des XIVᵉ et XVᵉ siècles. Ces inscriptions ont été publiées plusieurs fois et notamment par Auguste ALLMER, dans la *Revue du Lyonnais* en 1858, et par Le Blant, dans les *Inscriptions Chrétiennes de la Gaule*.

1º L'inscription de la jeune PROBA, très intéressante, connue depuis longtemps, et relatée dans l'histoire d'Anse avec commentaire de l'abbé Greppo. Avant la démolition de l'ancienne église d'Anse, elle avait été encastrée dans la *galonnière*, porche de la chapelle d'Ambérieu. Cette inscription est datée du 3 des Ides d'octobre, (c'est-à-dire du 13 de ce mois) de l'année du consulat de Paulinus en occident, qui correspond à l'année 498 après Jésus-Christ. Elle est en vers métriques, plusieurs fois publiée, et de toutes les inscriptions d'Anse, la plus précieuse.

2º La deuxième qui ne fournit malheureusement pas le précieux indice de la date du Consul, disparue en entier, doit être, suivant probabilité, de l'année 524, date de la bataille de Véséronce où périt Viligiscle, âgé de 50 ans (peut-être de quelques années en plus), le onze des kalendes de juillet. Dans cette bataille périt Clodomir, fils de Clovis et de Clotilde (la nièce catholique de Gundebaud, la petite fille de Carètene qui l'avait fait élever religieusement). L'épitaphe de Viligiscle présente, dans son interprétation, une difficulté provenant de la mutilation de l'inscription, réduite à sa partie antérieure. Elle est remarquable par la forme des S qui ont de la ressemblance avec la lettre G runique (Y) et, *comme la suivante*, a été trouvée dans la démolition, en 1858, de la voûte de l'abside de l'ancienne église construite du XIIᵉ au XIIIᵉ siècle. (Steyert T. I. fig. 779).

3º La troisième inscription mentionne le repos *in pace* d'une pieuse dame Burgonde, âgée de 45 ans, du nom de Vistrigilde, qui mourut le XI des Kalendes

d'avril après le consulat de Symmaque et de Boëce, en
522. Le consulat, ignoré au moment de la découverte,
auquel se rapporte sa mort, était celui de Flavius Anicius Maximus, en 523. Cette inscription contient la
même pensée chrétienne que celle qui se trouve dans
l'inscription en vers métriques de Proba. Viligiscle et
Vistrigilde sont deux noms burgondes. (Steyert T. I. f. 736)

4° et 5°. Deux autres fragments très incomplets
n'ont pu, à ma connaissance faire l'objet d'interpréta-
tions satisfaisantes et ont été trouvés dans les ruines
de l'ancienne église démolie en 1858.

6° Une inscription du XIVe siècle (1310) relatant la
mort d'un bourgeois d'Anse; telles sont les inscriptions
classées comme monuments historiques.

Enfin une inscription du XVe siècle attribuée (*Histoire
d'Anse*, pag. 101) à un certain Braly et à sa femme, relate
au contraire la mort l'un après l'autre, d'un prêtre du
nom de Chanta et d'un moine du nom de Ricaire, le
18 avril 1431 (date lue antérieurement 1404).

Derrière la croix de pierre mentionnant le souvenir de
l'église de saint Romain, sont deux stèles gallo-romaines
du IIIe ou du IVe siècle, qui ont été soigneusement
placées contre le mur de la propriété voisine. On y décou-
vre à grand-peine, quelques traces de lettres et il faut
croire que la sollicitude de l'ouvrier qui les a placées en
cet endroit, est la seule cause de la disparition de ce qui
pouvait encore exister de ces antiques monuments
épigraphiques qui n'ont pu, comme les précédents,
trouver place dans la liste des monuments historiques.

La petite chapelle de saint Cyprien qui se voit encore à
l'intérieur du castrum (le château indiqué dans les
anciens titres) peut bien avoir été construite pendant la
période burgunde de 457 à 534, tout au moins pour sa
partie antérieure, car celle où se trouve son chevet rectangulaire n'est pas antérieure au XIIIe siècle; on y aper-

çoit une ogive en lancette et quelques traces de fresques avec nimbe. On remarque dans la partie ouest de cette antique chapelle quelques reprises de maçonnerie en arêtes de poisson (ce qui a du reste été employé longtemps dans les campagnes), et de petites ouvertures dont le plein cintre est pris dans une seule pierre et dont les claveaux ont été simulés par des traits profondément gravés. Enfin, on a trouvé jadis dans cette chapelle un sarcophage mérovingien qui pourrait bien être celui qui se voit encore, à l'angle ouest de l'ancienne propriété des Sœurs sur la place du Marché.

Divers chapitaux se voient encore à la Mairie, chez M. Guillard, M. Bertrand, et surtout chez M. Métra, contre le mur de la Chapelle Saint Cyprien ; ces chapitaux sont du XIIIe siècle à l'exception toutefois d'un de ceux de M. Métra, où l'on voit Saint Georges terrassant le Dragon, qui est certainement du XIIe siècle.

Les Francs Mérovingiens (534-719)

Après la disparition de Sigismond et la défaite de Gundomar, fait prisonnier à Autun par ses cousins Clotaire et Childebert, les fils de Clotilde (en 534), les états de Gundebaud furent réunis à la France, et Anse changea pour la troisième fois de maître. Les Francs laissèrent à la Burgundie, son nom, son titre de royaume, ses lois et ses magistrats ; ses privilèges furent respectés jusqu'au VIIe siècle. La curie qui depuis trois siècles avait un *défenseur* de la cité contre la tyrannie fiscale, pris souvent parmi les évêques, continua d'exister, avec sans doute quelques modifications peu importantes. Devenus sujets des Francs, les Burgundes qui n'avaient pas été dispersés, continuèrent à vivre en corps de nation, suivant leurs propres lois, et les Gallo-Romains vécurent comme auparavant, car les Burgundes qui s'étaient assimilé leurs mœurs, avaient toujours respecté leurs institutions. Les Francs, bien qu'ayant soumis la Burgundie à leur domination n'occupèrent pas cette contrée, ne s'y établirent point d'une façon permanente, se contentant d'exiger des tributs, des troupes auxiliaires, sans se mêler d'administration. La Burgundie conserva donc son armée nationale et, si la fusion se fit lentement entre Burgundes et Gallo-Romains, elle ne se fit pas avec les Francs vainqueurs.

Entre Burgundes et Francs, également de race germanique, il y avait de notables différences de tempérament et de caractère. Les Francs n'étaient pas les *Gardiens du Peuple Romain*, et s'étaient toujours montrés très indépendants ; leurs rois n'acceptant le titre de patrice que comme un simple honneur et sans aucune sorte de compromission. A la mort de Théobald, fils du roi d'Austrasie Théodebert (le frère de Clodomir), en 555 ; après celle de Childebert en 558, lequel ne laissa pas d'héritiers mâles, après avoir été roi d'Orléans, et avoir possédé des deux côtés de la Saône jusqu'à Mâcon, les états fondés par Clovis, augmentés de la Burgundie et de la Provence, échurent à Clotaire, qui mourut en 561.

L'un des quatre fils de ce dernier, Gontran, connu surtout sous le nom de roi d'Orléans, n'en régna pas moins sur la Burgundie et mourut en 593. Childebert, neveu de Gontran, lui succéda et laissa, en 596, le trône à son deuxième fils Thierry qui mourut en 613. C'est depuis cette époque, que toutes les parties du royaume de France furent réunies en une seule monarchie sous Dagobert (628-638). Alors apparut l'institution des *comtes* et des *viguiers* ou vi-comtes dans toute l'étendue du royaume. Sous les rois Fainéants, l'administration fut la même,

mais de moins en moins indépendante, malgré quelques
efforts pour un retour au passé, dans cette *région de la
France* qui avait conservé une certaine supériorité
intellectuelle et une prospérité *relative* pour ces temps de
misère et de troubles. En 733, les Sarrazins, après avoir
envahi une notable partie de la France, firent leur appa-
rition dans la vallée du Rhône et de la Saône. Ce fut
alors que, parmi les monuments romains, ce qui avait
pu trouver *grâce* pendant les invasions réitérées et succes-
sives des différents peuples de la Germanie, fut l'objet
d'une destruction tout à fait systématique. Si le vieux
castrum d'Anse a pu résister grâce à l'épaisseur et à la
solidité de ses murailles, dont il montre encore des ruines
imposantes, les églises furent ruinées de fond en comble ;
conséquence fatale de l'antagonisme des croyances.
La désolation de nos régions fut si complète que, de
nos jours, dans les campagnes, on donne le nom des
Maures et des *Sarrasins* aux ruines informes qu'ils ont
causées, sans qu'on se souvienne que ces édifices avaient
été construits par les Romains : tant a été grande la
terreur inspirée par ces envahisseurs dont nous a délivré
Charles Martel.

L'église Saint Romain et le monastère fondé par
l'archidiacre d'Ainay, de ce nom, furent certainement
anéantis ; quant à la petite chapelle de Saint Cyprien, il
en reste les vestiges précités. Anse ne put se relever de
ses ruines qu'à partir de la glorieuse renaissance entre-
prise par Charlemagne.

Les Francs Carlovingiens (719-850)

La France fut sauvée d'un immense péril par Charles
Martel ; et la Burgundie, malgré les dévastations dont
elle avait été victime, était encore un foyer d'arts, de
lettres, de sciences, épaves de l'ancienne civilisation

que restitua le génie de Charlemagne, dont l'influence rénovatrice a laissé, dans notre région et surtout à Lyon, de très rares et précieux témoignages.

Les églises et les monastères ruinés furent, pour le plus grand nombre, reconstruits plutôt que réparés, tant avait été opiniâtre leur destruction ! Ce fut l'archevêque Leydrade, l'ami et le conseiller de Charlemagne qui déploya le zèle le plus précieux pour ces importantes et très nombreuses reconstructions. Les arts et les belles lettres refleurirent sous son initiative, mais cette généreuse impulsion s'arrêta sous le règne de Louis le Débonnaire qui ne put continuer l'œuvre de son père. Rien à Anse aujourd'hui, ne peut se voir encore des restes même des restaurations dont dut bénéficier certainement cette petite ville sous le patronage de l'Église de Lyon.

C'est à l'époque du célèbre traité de Verdun, en 843, que remonte la féodalité, véritable révolution sociale, due à la faiblesse du gouvernement de Louis le Débonnaire, qui laissa disloquer l'Empire de Charlemagne. Après un fatal partage qui résulta de ce traité, la France eut à souffrir de divisions intestines, et sa quasi homogénéité demanda pour se reconstituer de longs et durs sacrifices.

La Féodalité dont le principe remonte à l'institution des comtes *(comites* en latin, *graf* en allemand), que Tacite a si nettement décrite, attribuait la possession des terres conquises aux guerriers, en leur conférant sur les terres envahies des droits absolument régaliens. Après la victoire, la conquête terminée, il fallait partager le butin, suivant la valeur de chacun, à titre de solde ou de récompense. Les terres ainsi possédées commencèrent à devenir *héréditaires,* par suite de l'inamovibilité accordée à leurs possesseurs et, dans la suite, par des usurpations lentes et progressives que ne sut ou ne put réprimer le pouvoir royal. Pendant plusieurs siècles des peuples nombreux et d'origine distincte s'étaient confondus les uns les autres ; Barbares et Gallo-Romains, mélangés dans leur rapports et leurs institutions, donnèrent naissance à la Féodalité qui, malgré ses désordres et son incohérence était le régime inéluctable, sorte de pacte d'union militaire d'homme à homme. Les bénéfices donnés aux vainqueurs devinrent des *fiefs* et ces deux mots furent équivalents ; mais le mot *alleu*, *allodium*, indiquait une terre qui ne relevait de personne, tandis que le *fief* ou bénéfice relevait d'un suzerain.

Le comte était généralement seigneur de tout le territoire bien qu'il y eut dans son domaine des terres *allodiales*, assujetties toutefois à de minimes redevances. Il possédait surtout les forteresses ou châteaux avec leurs dépendances et les propriétés privées n'étaient possédées qu'à titre de redevances provenant de donations, cessions ou baux emphytéotiques ; car les propriétés qui portaient le nom de fief se confondaient le plus souvent avec l'emphytéose. L'avilissement de la condition forcée de cultivateur, de celui qui *n'ayant pas d'esclaves*, était obligé de travailler sa petite propriété, donna naissance à une condition inférieure et finit même par rendre le cultivateur l'accessoire, l'annexe du fonds qu'il cultivait, tandis que les propriétaires qui avaient été *colons* ou *métayers*, restaient libres et indépendants. Qu'était devenue à cette époque la cité Gallo-Romaine ? Ce n'était plus le territoire d'une peuplade, une province avec un centre commercial et religieux, une ville pour capitale et dont dépendaient les districts les anciens *pagi*. La capitale était devenue la cité même dont elle avait absorbé le nom.

Les fils de Louis le Débonnaire se partagèrent l'empire,

Louis eut la Germanie, Charles la France, et Lothaire
à qui échut le titre d'Empereur, garda l'Italie, avec un
long territoire depuis la mer Méditerranée jusqu'à celle
du nord, état superbe situé entre les états de ses frères.

A ce moment l'antique Lyonnaise première, perdant
son nom de Burgundie, était déjà partagée en comtés,
grandes divisions administratives et militaires, mais
dont avaient été séparées depuis longtemps l'ancienne
cité des Éduens avec Autun et celle des Lingons avec
Langres. La cité métropole, restée seule, ne fut plus que
le *Comté du Lyonnais*, dont devait plus tard se séparer
le Forez par un traité et le Beaujolais en se rendant
indépendant.

Lothaire qui fut empereur de 843 à 855 établit Gérard
de Roussillon comme gouverneur du comté du Lyonnais,
du Dauphiné et de Provence. Bien que portant seulement le titre de comte, Gérard n'en avait pas moins les
pouvoirs d'un duc, comme cela était dans le reste de la
France. Il avait sous ses ordres plusieurs comtes et
notamment celui du Lyonnais. A la mort de l'empereur
Lothaire qui peu de temps auparavant avait partagé ses
états entre ses enfants, Louis II eut l'Italie et le titre
d'empereur, Lothaire II la France, c'est-à-dire la partie
septentrionale de ce qu'y possédait son père jusqu'à
notre région lyonnaise ; Charles, que l'on appela
Charles de Provence, la partie inférieure de l'ancienne
Burgundie, c'est-à-dire toute la vallée du Rhône jusqu'à
la mer. Grâce à la fidélité du Lyonnais, Charles resta
maître de son lot, dont son frère Lothaire voulait le
déposséder, et régna jusqu'en 861, époque où son oncle
Charles le Chauve voulut aussi le déposséder, mais
inutilement. Il mourut deux ans après (863). Dès lors,
ses deux frères eurent en lui succédant, Louis II la
Provence et Lothaire II Lyon, Vienne, Viviers, une
grande partie de ce qu'il avait voulu ravir à son frère.

A son tour, Lothaire II mourut en 869, sans être resté longtemps en possession du comté du Lyonnais, et comme il ne laissait point d'enfant légitime, son héritier fut son frère Louis II ; mais profitant de son éloignement, Charles le Chauve résolut de s'emparer des états laissés par Lothaire. Malgré la fidélité constante des Lyonnais, le courage de Gérard de Roussillon, et surtout celui de sa femme Berthe, fille de Pépin d'Aquitaine et petite fille de Charlemagne, Louis II dut céder le comté de Lyonnais à son oncle Charles qui, s'étant emparé de Lyon et de Vienne, établit comme gouverneur à la place de Gérard de Roussillon dépossédé, le frère de sa femme Richilde, *Boson*, sous les ordres duquel fut aussi nommé un certain comte Guillaume, comte amovible du Lyonnais.

Le comte gouvernait administrativement et militairement le territoire répondant à l'ancienne cité dont les divisions, districts, remplaçant les anciens pagi Gallo-Romains, l'étaient par des vicomtes ou viguiers sous les ordres du comte et qui, suivant l'importance de leurs possessions, devinrent plus ou moins influents. A côté des seigneurs Burgundes et Gallo-Romains devenus seigneurs Francs, il existait une classe d'hommes libres, assez souvent de condition misérable qui, par nécessité durent prendre des terres en louage et subir la déconsidération qui était le triste apanage de la profession de cultivateur. Ils devinrent *colons* ; condition inférieure les assimilant presque aux *serfs* qui, eux, étaient les successeurs des esclaves ; car la disparition complète des esclaves ne date guère que du règne de saint Louis IX. En vertu d'un contrat, devenus simples cultivateurs, ou fermiers, eux et leur famille, étaient devenus *immeubles par destination*. Le propriétaire pouvait les *vendre avec le sol*, mais *non séparément* ; il n'avait pas non plus le droit de les expulser, ni d'augmenter en aucune façon la rente primitivement stipulée dans leur contrat de louage.

Après la mort de Charles le Chauve et le capitulaire de Kiersy-sur-Oise, en 877, Boson épousa la fille de l'empereur Louis II, Hermengarde, petite fille de Charlemagne. Il était ainsi apparenté de deux côtés, en Italie et en France, où sa qualité de beau-frère de Charles le Chauve avait décidé inopinément de sa fortune. Celle-ci ne fit que s'accroître, grâce à l'esprit d'indépendance manifesté dans son gouvernement, et lui permit de fonder le deuxième royaume de Bourgogne.

Deuxième Royaume de Bourgogne (879)

Poussé par sa femme Hermengarde, après le court règne de Louis le Bègue, Boson se fit proclamer roi de Bourgogne,, dans une réunion de dix-sept évêques, au château de Mantailles près d'Albon en Dauphiné,*en l'année* 879, et fut couronné à Lyon, dans la cathédrale de Saint-Etienne, par l'archevêque Aurélien. Les deux fils de Louis le Bègue, qui lui avaient succédé, Louis III et Carloman, avec l'appui de leur cousin Charles le Gros, fils de Louis le Germanique, attaquèrent le nouveau roi Boson qui fut vaincu et s'emparèrent de son royaume. L'un et l'autre moururent, Louis III en 882, Carloman en 884, et Charles le Gros, devenu empereur, fit reconnaître son autorité dans les Etats de Boson, comme dans le reste de la France. C'est alors que pour se concilier la faveur de l'Église de Lyon, il lui donna l'église de saint Laurent, située hors des murs de la Ville, ainsi que la *petite villa d'Anse* (*villulam Ansam*) qu'il affecta spécialement aux frères de Saint Etienne. Ceux-ci vivant comme des moines, devinrent plus tard les chanoines comtes de Lyon, seigneurs d'Anse.

Qu'était la petite villa d'Anse ? Une petite métairie ?

Car il ne s'agit ni du Castrum, ni du bourg qui l'entourait et était au pouvoir d'un commandant militaire ou viguier. Cette petite métairie d'Anse, donnée par l'Empereur Charles le Gros et prise sur le domaine public dont le roi avait la disposition, fût le commencement de la possession d'Anse par les futurs chanoines comtes auxquels des seigneurs laïques finirent par céder à peu près tout ce qui était devenu leur propriété ; et cela surtout aux approches de l'an 1000 et même postérieurement pendant les croisades.

Cependant Boson finit par réorganiser son parti et reconquit son royaume. En 886, il était maître de toute la vallée du Rhône, lorsqu'il mourut l'année suivante, en 887, laissant à sa femme Hermengarde la tutelle de son jeune fils Louis, plus tard, surnommé Louis l'Aveugle. Elle alla implorer Charles le Gros qui reconnut son fils comme roi de Bourgogne; couronné en 901, Louis vécut comme tel pendant vingt-quatre ans' bien qu'il eut été, peu de temps après son couronnement, obligé de céder le pouvoir à son fils Charles Constantin, en 905, ayant été fait prisonnier par Bérenger, roi de Bourgogne Transjurane, qui lui fit crever les yeux ! Charles Constantin profita de l'absence du roi d'Italie pour s'emparer de Vienne et, afin de consolider sa conquête, offrit au roi de France Raoul de se soumettre à lui (ce qui fut accepté avec empressement). Raoul se mettant de suite en route, se rendit à *Anse*, près Lyon en 931, où il fut reconnu suzerain par les Viennois. Il annexa le comté de Lyon au royaume de France, toutefois sans résultat définitif pour la couronne. Le roi Raoul disposa du Lyonnais au profit de son frère Hugues, dit *le Noir*, et mourut en janvier 936, après avoir refoulé les Hongrois et pris certaines mesures pour maintenir l'influence française dans le Lyonnais ; il avait remis l'autorité à son frère, lequel en 943, céda sa part du duché de Bourgogne à Hugues *le Blanc* (fils de

Robert qui avait disputé la couronne à Charles le Simple).
Celui-ci fut alors duc des deux Bourgognes ; (le roi
Raoul, fils de Richard le Justicier, duc bénéficiaire de
Bourgogne, était le frère de Hugues le Noir et le beau
frère de Hugues le Blanc, fils de Robert Ier, dont il
avait épousé la sœur Emma.) Antérieurement, Hugues
le Noir avait été gouverneur à Lyon et Charles Constantin à Vienne. Le duché de Bourgogne divisé entreHugues
le Noir et Hugues le Blanc, a donné naissance au duché
et à la Franche-Comté de Bourgogne. Après la déposition
de Bérenger, Rodolphe roi de la Transjurane et des deux
Bourgognes, meurt en 937. En 937 les invasions des
Lombards, tant en Italie qu'en France causèrent de
grandes ruines ; l'abbaye de Savigny, celle de l'Ile Barbe
furent dévastées, et il en fut sans doute de même du
monastère et de l'église de Saint Romain à Anse, qui
avaient été reconstitués par Leydrade.

Rodolphe II, qui venait de réunir sous son autorité
les deux Bourgognes, en laissa la royauté à Conrad le
Pacifique qui, en 938, avec l'aide de l'empereur Othon,
dont il était le pupille en sa qualité de fils de Berthe, fut
couronné roi de Bourgogne. Othon réussit à placer sur le
siège de Lyon, comme archevêque, un frère de Conrad
(954-963) du nom de Burchard. C'est sous le règne de
Conrad qu'augmentèrent les empiètements successifs des
feudataires, profitant du droit d'hérédité proclamé par
le capitulaire de Kiersy-sur-Oise, en 877, pour les
comtes, qui n'étaient antérieurement que de simples
gouverneurs militaires, au début surtout de la monarchie, et qui se rendirent indépendants, dans la vallée
du Rhône, aux tendances séparatistes. Conrad le Pacifique avait épousé Mathilde, fille de Louis IV d'Outre-
mer, roi de France et sœur de Lothaire, son successeur,
qui à cette occasion abandonna ses droits sur le comté
du Lyonnais. Jusqu'en 1312, par suite de cette bénévole

réconciliation, Lyon ne fit plus partie de la monarchie française.

Conrad le Pacifique régna de 938 à 993. Il avait eu d'un premier mariage Burchard II qui fut archevêque de Lyon de 979 à 1030 et de Mathilde il eut Rodolphe III, justement surnommé le Fainéant, qui lui succéda. Sous le règne de ce dernier prince, les feudataires ne manquèrent pas de mettre à profit sa déplorable administration afin d'achever leur œuvre de démembrement. A cette époque se manifesta la dualité du pouvoir du clergé (pouvoir temporel et spirituel) qui subsista presque intégralement jusqu'à la réunion à la couronne du comté de Lyonnais au XIVᵉ siècle.

Le Lyonnais était partagé en vingt vigueries. Burchard II partageait l'autorité avec Artaud II, comte de Forez et ils commandaient aux viguiers chargés de l'administration judiciaire, civile et militaire. Il est probable que, comme dans tout le midi, les viguiers ont dû être appelés *consuls* (si toutefois il n'existait pas de différence dans les fonctions répondant à ces deux noms, ce qu'il serait utile de connaître). Quoiqu'il en soit, les intendants ruraux qui étaient sous les ordres du Comte, étaient, jusqu'à Charlemagne, de condition inférieure, et n'étant que de simples tenanciers ; ils devinrent propriétaires et petits seigneurs de la terre de leur office, devenu héréditaire.

Les biens ecclésiastiques furent accrus de nombreuses donations aux approches de l'an 1000 et postérieurement. Sous la faible administration de Rodolphe III en 1019, le fils de Guichard II, chevalier de Beaujeu s'unissant à Artaud III comte de Forez, contre l'archevêque Humbert, prit alors le titre de sire de Beaujeu pour *la première fois*. De même s'étaient fondés le comté de Savoie, la Franche-Comté de Bourgogne, le comté de Viennois, plus tard nommé Dauphiné, le comté souverain de Provence, etc.. Réduit à l'impuissance par suite de sa faiblesse, Rodolphe III se mit sous la protection de l'empereur Henri II, son oncle, en lui léguant ses états, dont ce dernier négligea du reste de prendre possession. Ce fut seulement son successeur à l'empire, *Conrad le Salique*, qui fit valoir ses droits à la succession et établit Lyon comme ville impériale en 1032 (Henri I régnait en France). Pendant le règne de Rodolphe III, le hameau de Saint Cyprien (dépendant actuellement de la Chassagne et antérieurement de Pommiers) fut donné à l'abbaye de Savigny qui fut dans la suite en lutte ouverte avec l'archevêque Renaud de Forez. Cette localité portait alors le nom d'Avalla qui lui est donné dans la charte de donation de 998.

Gouvernement des Archevêques sous les Empereurs d'Allemagne

En 1861 environ, on trouva à Anse plusieurs centaines de monnaies, deniers de Conrad le Salique à la légende *Conradus* au droit et *Lugdunus* au revers ; l'obole cependant était une rareté insigne, mais fut (hélas) contrefaite !.. et le contrefacteur, qui avait fabriqué 40 oboles *fausses*, fut justement et sévèrement puni et condamné. (Serrure. Bulletin. 1863).

Conrad le Salique, successeur de son frère Henri II, ayant fait valoir ses droits sur le Lyonnais, mourut en 1039, laissant le pouvoir, après sept ans de règne, à son fils Henri III (1039-1056), qui le céda à son fils Henri IV, alors âgé de six ans et qui mourut en 1106 *après avoir été à Canossa*, dépossédé, il abandonnait le trône à son fils rebelle Henri V, mort en 1125, après une menace d'invasion en France. Ce fut le dernier prince de la Maison de Franconie, auquel succéda Lothaire II (1125-1138). La maison de Saxe n'eut que ce *seul représentant* et Conrad III, de la maison de Souabe, qui lui succéda, laissa l'empire d'Allemagne à Frédéric Barberousse. Celui-ci régna de 1152 à 1190, et fut le seul des empereurs d'Allemagne qui fit acte réel d'autorité en Lyonnais, où ses prédécesseurs avaient exercé une autorité plus nominale qu'effective.

Les Archevêques partageaient le pouvoir temporel avec les comtes de Forez. Ils furent longtemps en lutte plus ou moins accentuée avec ces derniers et les revendications des seigneurs ne firent que s'accroître sous *Conrad le Salique* qui avait fait de Lyon une ville impériale. De là, l'origine d'une lutte de trois siècles, entre les archevêques et les comtes de Forez ou les bourgeois de Lyon.

Une charte de 1084, du Cartulaire de Savigny, nous apprend que Bernard, chevalier, surnommé d'Azergues, avait cédé à l'abbé de Savigny, tout ce qu'il possédait dans la vallée d'Azergues, le mas d'*Avalla* (1) (Saint Cyprien), la garde de Montagny et celle du château d'Anse. Il ne s'agit que de la *tour consulaire* qui, dit-on, fut construite au commencement du XIIe siècle. Cependant alors, le Castrum était encore le *chateau*, comme cela est manifesté dans des actes postérieurs, et notamment au sujet du Four Banal (*archives d'Anse*). Pendant la période du Ve au IXe siècle, on ne construisit pas de forts ; tout au plus avait-on restauré, tant bien que mal, ce qui restait des fortifications romaines. Ce n'est qu'au Xe siècle, et, par suite du régime féodal, que l'on construisit des forteresses d'une façon primitive.

Une des deux tours de la Mairie actuelle, celle où l'on voit la porte d'entrée et qui a subi, à plusieurs reprises, des restaurations et modifications

---

(1) Au sujet du nom d'Avalla (aujourd-hui St-Cyprien) de la commune de la Chassagne et qui dépendait autrefois de Pommiers au XIe siècle, il faut rapprocher le nom d'Avalla = *Poma*, mentionné par C. JULLIAN, *Hist. de la Gaule*, t. VI, p. 57, note 4.

La Galonière   Chapelle d'Ambérieux

ayant laissé des traces certaines ; cette tour, dis-je, est *demi-cylindrique*, rappelant certaines tours romaines, et pourrait bien remonter au Xe siècle, sans qu'aucun document autorise à le penser. L'autre tour est manifestement du XIIe siècle ou des premiers temps du XIIIe. Elle est complètement *cylindrique*, très bien appareillée, et a été réunie à la précédente par une double courtine qui a plus tard donné naissance au bâtiment de la Mairie actuelle, sans que l'on puisse aujourd'hui se rendre compte des ouvrages défensifs auxquels elle a succédé.

L'ÉGLISE SAINT PIERRE

C'est aussi à la fin du XIe siècle ou si l'on veut aux premières années du XIIe, que doit remonter la construction primitive de l'antique église saint Pierre, démolie en 1858. Elle avait d'abord la forme d'une croix latine ; forme simplifiée de la basilique romaine par la suppression des bas-côtés ; car les chapelles latérales étaient du XVe siècle, et celles qui se voyaient de chaque côté de l'abside, sur les bras du transept, étaient dit-on, du XIIIe siècle. Le docteur Serrand en a donné une précieuse description et le souvenir de la chapelle d'Ambérieu, précédée de son porche, appelé la *Galonnière*, a été conservé par un dessin. L'église avait 35 mètres environ de longueur, et était large de 12 mètres dans la nef. Le clocher avait 21 mètres de hauteur et reposait sur une voûte d'arêtes établie sur la croisée du transept. On y accédait par un escalier *droit*, pris dans l'épaisseur et la longueur du mur occidental du transept méridional.

La chapelle d'Ambérieu (fin du XVe siècle) démolie, comme l'église entière, a donné naissance à la sacristie actuelle où l'on voit les restes des voûtes et à l'extérieur deux gargouilles placées au-dessus de ses contreforts. Extérieurement se trouve une porte du XIIIe siècle, qui a été aussi rapportée contre le mur occidental de la sacristie. Elle provient sans doute de l'ancienne chapelle du XIIIe siècle, dédiée à la Sainte Vierge.

En décembre 1096, Robert d'Anse fut l'un des chevaliers qui suivirent Bohemond à la croisade ; Beaudoin comte de Flandre le fit prisonnier dans un combat livré aux troupes de Tancrède (Vachez, *Familles chevaleresques*). En 1100 avait eu lieu à Anse un concile provincial, provoqué par l'archevêque Hugues, qui demandait des subsides pour aller en Terre Sainte et qui, par déférence, céda la présidence à Saint Aurélien, archevêque de Cantorbéry.

De 1117 à 1137, Guichard III développa la puissance des sires de Beaujeu au moment où s'établit la seconde race des comtes de Forez par l'alliance de la fille d'Artaud III, *Raymonde*, avec Guy ou Guigo, fils de Guy, comte de Viennois, d'Albon et de Graisivaudan.

En 1125, l'archevêque Humbold ou Humbaud, céda au chapitre de Lyon entre autres donations, le cellier qu'il avait fait construire à Saint Romain et 60 sols pour la dîme d'Ambérieu, attribuée plus tard à l'archevêque de Cantorbéry.

En 1152, Frédéric Barberousse voulut rétablir son autorité dans le Lyonnais. Alors le comte Guillaume attaqua le comte de Forez, mais fut battu et prisonnier. Aussitôt Barberousse fit de l'archevêque de Lyon, un véritable vice-roi. Un diplôme impérial concéda à l'Église de Lyon des droits royaux, et le monnayage épiscopal fut créé en 1157.

En 1158, l'archevêque Héraclius de Montboissier, *outrepassant ses droits*, voulut expulser Guy de Forez, de la partie comprise entre la Saône et les montagnes du Lyonnais ; il fut battu à Yzeron avec les Lyonnais qu'il y avait entraînés. En 1158, une conférence eut lieu entre

Villefranche et Anse, en présence d'Humbert III, sire de Beaujeu, mais ne put aboutir ; Guy II se porta alors sur Lyon qu'il traita durement.

En 1167, l'archevêque transigea avec le comte de Forez, transaction suivie d'une autre définitive pour la souveraineté de la ville de Lyon ; le comté de Lyonnais proprement dit fut attribué à l'Église et celui du Forez, qui en fut séparé, au comte laïque Guy. Le Lyonnais était alors divisé en trois parties ; le sire de Beaujeu s'étant rendu indépendant, avait accru son domaine aux dépens de l'archevêque sur la partie nord du Lyonnais.

En 1169, Humbert II avait fondé Villefranche, forteresse opposée à celle d'Anse qui appartenait à l'archevêque et au chapitre.

En 1173, cession définitive aux chanoines par le comte de Forez de ses droits sur Lyon.

En 1176, Guichard de Marzé, un des plus puissants seigneurs de la région (on voit encore à Alix, les ruines d'un de ses châteaux-forts), légua à l'archevêque ses droits en *alleu* sur le *château et le bourg d'Anse* mais à son retour, il reprit en *fief* ses possessions, pour lesquelles il rendit hommage à l'Église et dont on retrouve mention en 1240.

En 1187, l'archevêque Léon de Bellesme, autorisa les chanoines (anciens frères de Saint Etienne) à cesser la vie commune et avoir chacun une maison particulière. C'est aussi à cette époque qu'un prêtre lyonnais, nommé *Etienne d'Anse*, fit pour le Vaudois Bernard Yvos une traduction du nouveau testament en langue vulgaire.

En 1193, l'élection à l'archevêché de Lyon du fils de Guy II, comte de Forez, Renaud frère de Guy III et tuteur de Guy IV, confirma la cession positive du Lyonnais à l'Église. Sous son épiscopat, les chanoines, anciens

frères de Saint Etienne, qui vivaient déjà en particulier,
devinrent possesseurs de petites seigneuries ou mansions,
avec obédience pour l'administration et le revenu de
chacun ; car on fit deux portions des biens de l'Église :
l'une fut adjugée à l'archevêque et l'autre attribuée au
chapitre, mais divisée et répartie entre les dignitaires
et les simples chanoines, suivant l'importance des
revenus.

FONDATION DE L'ABBAYE DE BRIENNE
près d'Anse

(*Bibliothèque historique*, page 134, 1888, T. I. le seul
paru) par M. C. et C. GUIGUE.

« Les auteurs de la *Gallia Christiana nova* (tome IV,
« cclonne 296) avancent que l'Abbaye de Brienne-les-
« Anse en Lyonnais, fut fondée en 1304 par Blanche de
« Chalon, veuve de Guichard V, sire de Beaujeu, fonda-
« trice aussi en 1304, de l'Abbaye de la Déserte à Lyon.
« Ces auteurs évidemment se sont trompés, ainsi que le
« prouve l'acte suivant, qui établit d'une manière
« péremptoire, que l'Abbaye de Brienne existait déjà en
« février 1264, et sœur Marie en était alors abbesse, la
« première abbesse sans doute, puisqu'elle s'engage, elle
« et son monastère envers Milon de Vaux, doyen, et
« Guillaume de la Poype, précenteur de l'Église de Lyon,
« *seigneurs obédienciers d'Anse*, à ne causer par leur éta-
« blissement aucun préjudice aux desservants des églises
« d'Anse, de Saint-Romain et de Lucenay, à sauve-
« garder tous leurs droits curiaux et à s'acquitter de
« toutes les dîmes dont se trouveraient chargés les fonds

« que possède le couvent. Cette sorte d'engagement n'était
« fait d'ordinaire qu'immédiatement après la création
« d'une nouvelle maison religieuse. Il est donc exact de
« dire que l'Abbaye de Brienne fut fondée non en 1304
« *mais en* 1263.

« Au bas de l'acte se voit encore appendu le sceau de
« l'abbesse Marie. Il est en cire blonde et de forme
« ovale. Dans le champ une Annonciation et l'Ange de-
« bout.« Au-dessous, une religieuse à genoux. Légende :

S. ABBISSE · MOL · SCE · MARIE
DE · BRIOLA.

(Sigillum abbatisse monasterii Sancte Marie de Briona).

« Le monastère de Brienne, d'abord de l'ordre de Saint
« Damien, puis des Clarisses, fut placé en 1697 sous celui
« de Saint Benoît. Le monastère fut réuni en 1742 à celui
« de la Déserte à Lyon.

« Marie, abbesse de Brienne et son monastère, s'enga-
« gent à ne causer aucun préjudice, par leur établissement
« à Brienne, aux chanoines de Lyon obédianciers d'Anse
« de Lucenay et de Saint-Romain. Février 1264.

« Nos soror Maria, humilis abbatissa sancte Marie
« de *Brionna* de Ansa et ejusdem loci conventus
« de ordine Sancti Damiani, notum facimus uni—
« versis presentes litteras inspecturis, quod, cum,
« ex devocione quorumdam, datus sit nobis locus ad
« morandum apud Ansam, nos nolentes quod presencia
« nostra dominis Anse et rectoribus ecclesie dicte ville,
« qui pro tempore fuerint, possit esse dampnosa, domino
« M. de Vallibus, *decano*, et domino Guillermo de
« Poypia, *precentori* Lugdunensi qui in presenti sunt
« obedenciarii dicte ville de Ansa, pro nobis et succes-

« soribus nostris promittimus per stipulationem et
« bona fide quod parrochianos Anse et sancti Romani
« et de Lucenay, ad sepulturam ecclesiasticam non
« recipiemus, nisi cum pace et voluntate rectorum seu
« Capellanorum dictorum locorum et eorum qui pro
« dominis percipient contingentem de sepulturis ipsos
« dominos portionem, et nisi ab ipsis rectoribus seu
« capellanis et ab illis, qui portionem dominorum levabunt,
« nobis vel successoribus nostris ad sepeliendum defunc-
« torum corpora presententur, nec permittemus quod
« capellanus noster, dum missam celebrabit, manuales
« recipiat oblaciones a parrochianis supradictis; decimas
« etiam de ortis et terris, quos et quas ad manum nos-
« tram tenemus et tenebimus in futurum, predictis
« fideliter prestabimus et solvemus. In cujus rei
« testimonium presentibus litteris sigillum nostrum
« *quod unicum* habemus, duximus apponendum. Datum
« anno Domini Mo CCo LXo tercio mense februario. »

(Original. — Archives du Rhône, Fonds du Chapitre
Métropolitain. — Armoirie Enoch. Vol. 29, No 2.)

Renaud de Forez acheta (peut-être même antérieurement) au profit de l'Église de Lyon, plusieurs vigueries :
de Condrieu, d'*Anse* et de Longes. Celle d'Anse fut
achetée à Willerme, fille de Lambert de Quincieux
(Arch. du Rhône, G. 690).

Renaud de Forez répara, d'une façon fort importante,
les châteaux d'Anse et de Saint-Cyr. Celui d'*Anse*,
nommé la *Tour Consulaire*, datant du commencement
du XIe siècle fut presque reconstruit et la tour qui est
cylindrique, réunie à l'autre demi-cylindrique par
une double courtine, doit probablement lui être attribuée ; au reste, d'importantes restaurations furent encore
faites à ce château après le départ des *Tard-Venus*, car

on retrouve dans le vestibule de l'ancien escalier du XVe siècle de la Mairie et à la clé de voûte, les armes du chanoine comte Claude de Gaste (parti d'or, au 2e parti d'azur et de pourpre, fascé de huit pièces) qui, dignitaire ou non, est certainement l'auteur de cette restauration faite à partir de l'année 1446 et les suivantes.

Dans la tour demi-cylindrique (que je crois être la tour consulaire) on voit sous la voûte de deux ouvertures, les armes de Méchatin, famille beaujolaise qui compte quatre chanoines comtes de Lyon : Jean 1312 ; Thomas 1585 ; Guillaume 1655 ; Philippe 1681. Le style de ces blasons permet de les attribuer à Guillaume, évêque de Gap, dont la mère était Bénigne d'Albon, fille de Claude seigneur de Saint-Marcel et de Moys ou à Philippe probablement frère de l'évêque. Ces armoiries sont d'azur à la tête de cerf écotée d'or au chef d'argent.

En 1200, *Henri de Brienne*, à Anse, était possesseur de fief, (G. 4548, f 145, arch. de Lyon), et un Ponce de Brienne était chanoine comte en 1209. Etait-il seigneur mansionnaire ? Quoiqu'il en soit c'est à la suite d'une cession ou donation de ses possesseurs, que sur la terre de Brienne, fut élevé le monastère de ce nom, prieuré de femmes au nombre de six, primitivement de l'ordre de Saint Damien, des Clarisses, des Cordeliers, finalement de l'ordre de Saint Benoît, et transféré au XVIe siècle à Lyon au monastère de la Déserte. Sur le pignon d'une maison, on voit encore une ogive équilatérale surmontée d'une tête, et sur la retombée de l'arc, deux mascarons dont le style indique le XIIIe siècle, confirmée par la Charte précédemment citée.

En 1206, les Lyonnais voulurent se constituer en commune, contrairement aux droits de l'archevêque, et ils furent à ce moment, déboutés de leurs réclamations.

En 1213, Renaud de Forez s'étant occupé de relever et d'établir des forteresses, pour la défense des possessions de l'Église, un chanoine comte Guillaume de Coligny, avait légué à l'Église de Lyon la viguerie d'Ambronay et le château de Saint-André de Briord. Il se pourrait que les armes mutilées que l'on voit encore à Anse, au-dessus de la porte d'entrée d'une maison du XVe siècle, qui est à gauche et au commencement de la rue des Remparts, soient celles de la famille de ce chanoine : de gueules à l'aigle éployé d'argent, onglé et becqué d'azurs (1435, date de la réception d'un Coligny, concordant avec l'époque de la construction).

Après la sage et remarquable administration de Renaud de Forez qui, par sa famille, tenait plus à la France qu'à l'Allemagne, un changement se produisit, à la suite de la reprise des prétentions des Lyonnais à se constituer en commune. Un nouveau soulèvement eut lieu après l'épiscopat de *Philippe de Savoie* (1246-1268), contre le *chapitre* dont le cloître fut occupé et saccagé en 1250 avec l'appui de Guy V, comte de Forez.

En 1269, sous le règne de Saint Louis, les Lyonnais acceptèrent un arbitrage et se soumirent à Philippe le Hardi en 1271. Mais sous Philippe le Bel (1285-1314) l'archevêque Aymard de Roussillon (1274-1282) reprenant la lutte contre le chapitre, enleva de *force* la *ville d'Anse*, ce qui causa 2000 livres tournois de dégats aux habitants.

L'archevêque Pierre de Savoie (1308-1322) ne put reprendre ses droits sur Lyon, menacé qu'il était par le sire de Beaujeu, qu'en lui cédant la seigneurie de Meximieux. Dès lors, nouvelle révolte des Lyonnais, suivie d'une répression par Philippe le Bel en 1310. Réfugié dans son château de Pierre Scize, l'archevêque Pierre de Savoie capitula en 1312, et l'annexion du Lyonnais à la France fut dès lors définitive.

Après 1312, il est utile de mentionner ce qui suit :

En 1321, le nombre des chanoines comtes est réduit à 32.

En 1319, un guigonnet de Marzé était seigneur de Varennes à Quincieux.

En 1326, un seigneur Jean du Jonchet, près Anse et à côté de Brienne.

En 1364, Anse est prise par Seguin de Badefol. (Voir *Histoire des Tard-Venus*) par G. GUIGUE.)

En 1367 la baronnie d'Anse est citée dans l'hommage de Jean de Chiel, deux ans après le départ de Seguin de Badefol (G. 2683.. 75 Arch. du Rhône).

TABLE DES MATIÈRES

Lyon. — Imprimerie des Missions Africaines.

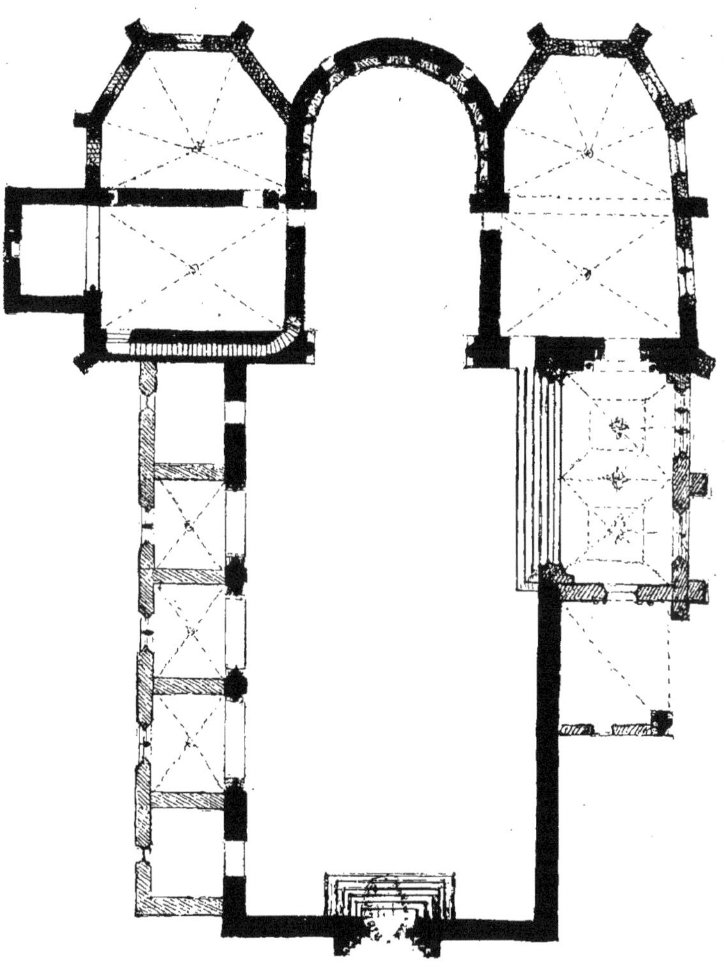

Plan de l'ancienne Eglise d'Anse

9 782329 044200